17100

EL VALOR DE ELEGIR

Ariel

Fernando Savater

EL VALOR DE ELEGIR

Editorial Ariel

Diseño de la cubierta: Eva Olaya

1.ª edición: octubre 2003

© 2003: Fernando Savater

Derechos exclusivos de edición en español
reservados para todo el mundo:
© 2003: Editorial Ariel, S. A.
Avda. Diagonal, 662-664 - 08034 Barcelona

ISBN: 84-344-4444-5

Depósito legal: B. 38.031 - 2003

Impreso en España

2003 - A&M GRÀFIC, S. L.
Polígono Industrial «La Florida»
08130 Santa Perpètua de Mogoda
(Barcelona)

A Sara, que me eligió.
Y en memoria de Joseba Pagaza, que eligió bien.

El problema de la elección,
el problema de la vida entera.

GEORGES PEREC, *Je suis né*

Todos estamos determinados por el hecho de que hemos nacido humanos y, en consecuencia, por la tarea interminable de tener que elegir constantemente, tenemos que elegir los medios juntamente con los fines. No debemos confiar en que nadie nos salve, sino conocer bien el hecho de que las elecciones erróneas nos hacen incapaces de salvarnos.

ERICH FROMM, *El corazón del hombre*

INTRODUCCIÓN

La elección y la vida

El tema de este libro es una pregunta que me obsesiona creo que desde que tengo uso de razón. Aún más o aún peor: es la pregunta que ha dado sentido al uso de mi razón y también la que me ha revelado los límites de tal racionalidad. Para empezar, ingenuamente, puedo plantearla así: ¿en qué consiste la libertad? Pero nada más formulada se me enreda con otras —como suele ocurrir con las verdaderas cuestiones filosóficas— que obstaculizan y aplazan su respuesta directa: ¿existe realmente la libertad? ¿es algo que tengo antes de saberlo, algo que sólo adquiero al saber que lo tengo o algo que para tenerlo debo renunciar a saber con precisión qué es? ¿soy capaz de libertad o soy libertad y por ello capaz de ser humano? Y tantas, tantas otras: demasiadas preguntas. Por optimismo o pereza, supuse que la experiencia de los años me traería las respuestas y por ello fui difiriendo la redacción de esta obra, que imagino como el núcleo esencial de cuanto he escrito. Pero ahora ya sé que ni el tiempo ni tampoco el espacio sirven para despejar nuestras perplejidades. Es inútil dejar para mañana lo que mañana me será tan difícil o imposible de hacer como hoy. Por lo tanto, sin respuestas concluyentes, concluyo por intentar responder. Es la primera y más decisiva de las elecciones de las que hablaré en las páginas siguientes.

En la mayoría de los casos, cuando los filósofos se empeñan en buscar la «esencia» de un «concepto» lo que realmente hacen es intentar una definición compleja y completa de cierta palabra. Platón fue ante todo el padre de la semántica, o al menos de una suerte de semántica trascendental. La dificultad estriba en que la «esencia» de cada palabra está también formada por palabras y que rara vez las palabras que precisan lo esencial de un término relevante son más fáciles de definir que éste. De modo que se imponen nuevas búsquedas no menos esenciales ni menos sujetas a la elucidación semántica. De tales engarces crecientemente complejos entre definiciones de términos y definiciones de los términos que sirven para definir han surgido los sistemas filosóficos, construcciones mentales a menudo risibles pero a veces intelectualmente apasionantes (y de vez en cuando ambas cosas juntamente), cuyo mejor exponente moderno es la Gran Lógica de Hegel, el discurso de un Dios que antes de crear el mundo pensó que lo más urgente era saber de qué estaba hablando y no qué estaba haciendo. Salvo casos epigonales y simpáticamente patológicos, nuestros contemporáneos filósofos han renunciado ya a tan vastos empeños. Hoy ya sólo quedan dogmáticos de la fijación invulnerable de esencias entre algunos de los llamados científicos sociales pero suelen serlo sólo por ingenuidad.

¿Nos resignaremos pues a definiciones tentativas que, aunque enriquecidas y vitaminadas hasta donde sea posible, aceptan desembocar en otras voces que se dan por establecidas o sabidas, es decir por *abandonadas* al sentido común sin ulteriores indagaciones? Ni aun así tendremos garantizado el mínimo reposo. Como Nietzsche advirtió implacablemente en su día, sólo los términos al margen de la historia —en la medida en que tal milagro sea posible— admiten una definición mínimamente convincente. De modo que podemos definir bastante bien qué es el número dos, pero no qué es la democracia o la justicia. Quiere la mala suerte —*mi* mala suerte, en este caso— que «libertad» sea precisamente uno de los conceptos históricamente más sobrecargados. El término en sus diversas variantes ha sido empleado para designar la condición social de quienes no padecían esclavitud o de los ciudadanos de las *polis* no sometidas al arbitrio de otras, así como para nombrar la capacidad del alma de rebelarse o acatar la Ley de Dios, para celebrar la ausencia de coacciones del sujeto agente, para señalar derechos políticos o económicos, para ensalzar la creatividad del artista y para distinguir a determinadas naciones del mundo sometidas al capitalismo de los particulares de otras que sufren el capitalismo del Estado, etc., etc... Demasiadas peripecias que atosigan a quienes pretenden descansar tranquilos en una sola fórmula de tamaño manejable.

Los problemas insolubles sólo tienen, como es sabido, malas soluciones: en este caso que nos aqueja habría que optar por el dogmatismo que zanja y simplifica o por el escepticismo que, tras encogerse de hombros, abandona. Pero, como observó Erasmo a quienes le urgían a optar entre el Papa de Roma y Lutero, «no navega mal quien pasa a igual distancia de dos males diferentes». La navegación de este libro intentará un derrotero semejante, sin temer en exceso —hasta aceptando con activa resignación— su más que posible derrota. En la primera parte, la más conceptual y menos histórica, habrá de intentarse una antropología de la libertad: con mayor precisión quizá, una antropología *a partir* de la libertad, es decir considerando la libertad como diferencia específica del género humano. Como el término mismo está tan sobrecargado de connotaciones inextricables, procuro retrasar su salida a escena lo más posible, merodeando antes en torno a él con cuestiones sobre la elección, lo voluntario y lo involuntario, la intención, el azar, etcétera. Es lo que podríamos denominar «Procedimiento Tiburón», en honor de la genial película de Spielberg que durante buena parte de su metraje sólo apuntaba al monstruo a través de la cámara subjetiva y de una música inquietante, exhibiendo entre tanto víctimas, manchas de sangre y falsos escualos hasta que finalmente lo revelaba en todo su perverso esplendor.

La segunda parte será un breve repertorio de opciones libres argumentadas, destinadas a *comprometer* las abstracciones de la primera con la peripecia actual que vivimos y en la que somos. Trato de algo así como ofrecer unos ejercicios de libertad, que en cada caso me parecen oponerse a las rutinas avasalladoras de lo que nuestro padre Sartre llamaba «lo práctico-inerte». No pretendo que el resultado de ambas mitades de este caprichoso bocadillo sea perfectamente satisfactorio: me conformaría con que fuese plausible en su detalle y sugestivo en su conjunto. Es decir, una incitación no a cerrar el capítulo de lo ya pensado sino a continuar pensando y repensando. Como he dicho en otras ocasiones, la filosofía nunca es para mí la cancelación definitiva que nos permite salir de dudas sino el acicate que nos arroja a ellas, permitiéndonos vivir con dignidad inteligente en la ausencia de certidumbres absolutas.

PRIMERA PARTE

ANTROPOLOGÍA DE LA LIBERTAD

Capítulo 1

El principio del hombre

> *El hombre no vive,*
> *sino que dirige su vida.*
>
> Arnold Gehlen

Al comienzo de su vasta y despareja obra fundamental, titulada *El hombre. Su naturaleza y su lugar en el mundo*, Arnold Gehlen hace una observación importante sobre la imagen que los hombres se hacen de sí mismos y de su rango específico entre los demás seres. A la pregunta sobre el origen del hombre se dan dos respuestas: «La primera hace que el hombre provenga de Dios, la otra del animal. La primera no es científica y la segunda, como veremos, es equívoca, precisamente desde el punto de vista científico. Por otra parte, es curioso que ambos puntos de vista tengan un presupuesto común, a saber: que el hombre no puede ser comprendido desde sí mismo; que sólo puede describirse o interpretarse con categorías extrahumanas». O bien el hombre es una criatura fabricada por Dios a su imagen y semejanza, es decir, un pariente divino aunque caído y por tanto menesteroso, un sub-dios... o bien es un mono que ha evolucionado hasta alcanzar un éxito abrumador sobre el resto de sus congéneres, un super-animal. Ambas perspectivas parten de lo no humano para llegar a lo humano, sea sustrayendo o añadiendo cualidades. Por lo visto, el hombre no puede ser comprendido a partir de algún concepto o categoría que le sea específicamente propio.

Dejemos a Dios o a los dioses a un lado: en filosofía, como punto de llegada resultan poco convincentes pero como punto de partida son sencillamente intolerables. Y aplacemos por un momento considerar nuestros parentescos zoológicos, a los que enseguida tendremos de uno u otro modo que referirnos. Consideremos el hombre en sí mismo. ¿Qué le define? Dice Gehlen que es un ser *práxico*, es decir un ser que *actúa*. Que quiere hacer cosas y que hace cosas que quiere. La característica no parece demasiado distintiva. ¿Acaso no es la «actividad» lo característico de todos los seres vivos? ¿Acaso «vivir» no equivale siempre, de alguna manera, a «actuar»? Sin embargo, Aristóteles, en su *Ética a Nicómaco*, asegura taxativamente que los animales no «actúan» *(ta theria... praxeos me koinoein)*. De modo que «actuar» debe ser algo más que alimentarse y reproducirse, buscar refugio o fabricar madrigueras, cazar o moverse en busca del calor del sol o de aguas templadas. «Actuar» no es sólo ponerse en movimiento para satisfacer un instinto, sino llevar a cabo un proyecto que trasciende lo instintivo hasta volverlo irreconocible o suplir su carencia. Las acciones tienen que ver con diseños de situaciones virtuales que no se dan en el presente, con el registro simbólico de posibilidades que no se agotan en el cumplimiento de paradigmas establecidos en el pasado sino que se abren a futuros inéditos e incluso disidentes. La acción está vinculada a la previsión pero también a lo imprevisto: es intentar prever jugando con lo imprevisible y contando con su incertidumbre. Es una forma emprendedora de responder a las urgencias y solicitaciones de la realidad plural, pero también de explorarla y descubrir en ella capacidades aún no efectuadas. El ser activo no sólo obra a causa de la realidad sino que *activa la realidad misma*, la pone en marcha de un modo que sin él nunca hubiera llegado a ocurrir.

Si de lo que realmente se trata es de encontrar no el origen del hombre (en su sentido físico, zoológico) sino su *principio* (o sea aquello a partir de lo cual comienza a ser hombre), sin duda tal principio está en la acción, es decir en una intervención en lo real que selecciona, planea e innova. La acción —en el sentido humano y humanizador que aquí le damos al término— es lo contrario del cumplimiento de un *programa*. Las pautas vegetativas y los instintos son programas, las rosas y las panteras están «programadas» para ser lo que son, hacer lo que hacen y vivir como viven. Los seres humanos estamos programados también, pero en una medida diferente: nuestra estructura biológica responde a programas estrictos, pero no así nuestra capacidad simbólica (de la que dependen nuestras acciones). Digamos que los seres humanos estamos programados en cuanto «seres», pero no en cuanto «humanos». Recibimos con nuestra dotación genética la capacidad innata de llevar a cabo comportamientos no innatos.

La diferencia entre los seres vivos totalmente programados y los seres humanos sólo en parte programados puede parecer cuantitativamente mínima pero constituye un salto cualitativo radical. A ello se deben los actuales reiterados equívocos sobre el significado de las similitudes genéticas entre el hombre y otros animales. Se nos informa, incontrovertiblemente, de que la diferencia genética que nos separa de los chimpancés es mínima (menos del cinco por ciento) y no mucho mayor la que nos aleja del cerdo o del gusano. Algunos se afligen ante este parentesco zoológico y otros lo celebran como un supuesto correctivo científico ante el indebido orgullo de nuestra especie. Cualquier invocación a la modestia debe ser bienvenida (sobre todo si se dirige a quienes se vanaglorian de su pertenencia a una línea genealógica adquirida sin esfuerzo ni mérito propio), pero lo cierto es que la conclusión más evidente de tales estudios viene a ser que —dadas nuestras radicales diferencias con chimpancés, cerdos o gusanos— la dotación genética no es lo más decisivo en el establecimiento de la condición humana. Cuanto más se demuestre nuestra continuidad genética con otros animales, más obvio resulta que nuestra flagrante discontinuidad en el campo de las acciones debe provenir de otros elementos no identificables en el ADN. Esta conclusión no tiene por qué aumentar ni disminuir la autocelebración de los logros humanos, pero indudablemente sirve para relativizar en ellos la importancia de la influencia genética. El ser humano cuenta con una programación básica —biológica— en cuanto ser vivo pero debe autoprogramarse como humano. En ocasiones, esta autoprogramación humanizadora implica una cierta «desprogramación» animalesca. A diferencia de otros vivientes, el hombre no está programado totalmente por los instintos e incluso juega frecuentemente contra ellos por medio de su «contraprogramación» simbólica... Comparado incluso con sus parientes zoológicos más cercanos, ofrece una sensación de apertura, de inacabamiento: en resumen, de extrema *disponibilidad*. Precisamente esta disponibilidad constituye el enigma de lo humano y también la paradoja de la doctrina de la evolución. Arnold Gehlen hace hincapié necesario en este aspecto, que ya había sido antes apuntado por Max Scheler en su comprimido y famoso ensayo *El puesto del hombre en el cosmos*.

¿Cuál es la diferencia fundamental, orgánica, entre el ser humano y cualquier otro animal? Su casi absoluta ausencia de *especialización* de ningún tipo. Lo prodigioso de la constitución de los animales, que lleva a las almas cándidas a proclamar edificantes letanías sobre la sabiduría de la madre naturaleza (nótese que se la puede llamar «sabia», pero ni los más ingenuos la declaran «tierna» o «dulce»), es el nivel de adecuación fisiológica que alcanzan para dedicarse a ciertas tareas y para vivir en determinado medio. Todas las bestias son portentosas especialistas en empeños exigentes y excluyentes, sea saltar, morder, desgarrar, alimentarse de residuos, soportar temperaturas altísimas o bajísimas, procrear en las peores condiciones imaginables, hacer nido en lo imposible, etc. En zoología, los estudios anatómicos son siempre consideraciones minuciosas de instrumentos de alta precisión. El ojo se convierte en microscopio (aunque a causa de ello deja de ver a cierta distancia), las extremidades sirven para trepar (aunque no para andar) o para nadar (aunque sólo se arrastran fuera del agua), la mandíbula adquiere una fuerza trituradora excepcional (aunque ello implique sacrificar a los músculos parte de la capacidad craneal), la zarpa es capaz de aplastar cualquier testuz (aunque no sirve para tocar el piano), etc. En el ser humano, por contraste, no se dan estas excelencias hiperespecializadas: miembros, órganos y sentidos están mucho menos definidos para tareas específicas aunque se las arreglan mejor o peor para cumplir una serie de encargos *imprevistos*.

En el supermercado de la vida, casi todos los animales parecen ser tecnología punta, herramientas finísimamente calibradas con el fin de cumplir tal o cual tarea en un determinado nicho ecológico. Como ocurre con otros instrumentos semejantes, sirven muy bien para lo que sirven *pero para nada más*. En cuanto cambian las circunstancias o el paisaje, se marchitan y extinguen sin remedio. Los seres humanos, por el contrario, son anatómicamente indigentes, padecen un diseño chapucero y carente de adecuación precisa pero soportan las mudanzas y compensan con su actividad inventiva las limitaciones que les aquejan. Hacen de la necesidad virtud y convierten su esencial *imprecisión* en estímulo y posibilidad flexible de adaptación. Así resume lo que venimos exponiendo Michel Serres: «La palabra especie repite el término especialización. Por el contrario, nuestros órganos se desespecializan. Comparada con la pezuña de los rumiantes, con la pinza del cangrejo, con el tentáculo del pulpo, la mano, no especializada, termina por hacerlo todo, levantar un martillo, conducir un arado, tocar el violín, acariciar, hacer señas... Comparada con los picos de los pájaros, con las fauces del tiburón, con el hocico del perro, la boca, no especializada, acaba por hacerlo todo, morder, sin duda, pero también besar, silbar, hablar mil lenguas. Así podemos abandonar nuestros nichos especiales y abrirnos al espacio global. En lugar de habitar una localidad, lo humano, desdiferenciado, incluso indiferente, si nos atrevemos a decirlo, recorre el mundo, y viaja y, de golpe, desbordando el presente inmediato, entra en un tiempo diferente» («El tiempo humano», en *Qu'est-ce que l'humain*).

Estas características de los seres humanos plantean una cierta contradicción respecto a la visión popular de la evolución de las especies. Por lo común se entiende que el hombre proviene por sucesivos refinamientos de una especie animal más tosca y, por decirlo así, peor diseñada. Todos hemos visto mil veces esa serie pedagógica que muestra primero a un cuadrumano, luego a un chimpancé un poco más erguido, después a un antropoide ya más presentable, a continuación un primo todavía un poco agachado pero con rasgos neanderthalenses, etc. hasta llegar en la última imagen a un correcto caballero que camina sin fallos y se adorna con sombrero y corbata. Pero el camino evolutivo —si no resulta demasiado teleológico expresarnos así— parece seguir un rumbo casi opuesto. Los animales superiores (y en particular los antropoides que más se nos asemejan) están definidos de una forma mucho más precisa y eficaz que los humanos. Han desarrollado mejores armas, músculos más aptos, capacidades más determinadas. Son menos *ambiguos* que nuestros congéneres. Del mismo modo que el feto o el recién nacido son más *imprecisos* en la mayoría de los aspectos que los adultos plenamente desarrollados (en cuanto a su identidad sexual, el manejo de sus extremidades y la competencia focalizada de sus órganos), los seres humanos están peor definidos bajo cualquier categoría que un mono antropoide de los que nos resultan zoológicamente más próximos.

Si la evolución va desde lo esbozado a lo preciso, desde lo indeterminado a la especialización eficaz, un chimpancé o un babuino están más evolucionados que un ser humano, no menos... En los hombres se mantienen constantemente rasgos *fetales*, una perpetua indeterminación pueril: somos una especie menos «crecida» que las demás, menos decidida en nuestro desarrollo. Nos han sacado del horno evolutivo demasiado pronto, estamos a medio cocer... Envejecemos sin perder nunca del todo nuestro aire de simple esbozo, de apunte inacabado, nuestra esencial adolescencia. A esta característica se la ha denominado «neotenia» y cabe suponer que de ella depende nuestro éxito como especie, si de «éxito» puede calificarse la historia humana y nuestra hegemonía sobre la mayoría de los demás seres naturales. Aunque... ¿puede haber un éxito con «por qué» pero sin «para qué»?

Indeterminados en lo referente a hocicos, músculos y zarpas, los seres humanos tenemos en cambio un órgano máximamente desarrollado y con múltiples prestaciones muy sofisticadas: el cerebro. Aunque mal dotados en lo que respecta a pautas de conducta instintivamente codificadas y en la adecuación a un medio ambiente concreto, estamos provistos del instrumento más apto para improvisar e inventar ante las urgencias de lo real. El cerebro es el órgano específico de la *acción*: conoce, delibera, valora y decide. Funciona acicateado por nuestras carencias e insuficiencias, para buscarles remedio y aprovecharlas a nuestro favor. Los seres vivos que más han evolucionado en el perfecto acomodo a un tipo de vida y a un nicho ecológico han avanzado tanto por un camino que ya no pueden cambiar de rumbo ni buscar vías alternativas. No necesitan reflexionar porque siempre aciertan automáticamente... hasta que cambian las circunstancias y entonces fallan del todo. El ser humano, desde su imprecisión, comete constantes errores pero aprende de ellos y va corrigiendo permanentemente sus derroteros vitales. Porque la otra función del cerebro es almacenar la información adquirida a partir de la experiencia, codificarla en símbolos abstractos y transmitirla por medio del lenguaje. La vida humana perpetúa el rasgo característico de la infancia: el aprendizaje, la educación permanente. No estamos determinados a vivir en ningún paisaje ni en ningún clima, pero sí a convivir con semejantes que nos enseñen y ayuden.

El medio ambiente natural específico de los seres humanos es la *sociedad*.

La condición activa del hombre (su carácter «práxico» en la terminología de Gehlen) brinda el concepto propio adecuado a partir del cual definir su origen y su diferencia específica. La acción origina al ser humano. Como bien apuntó Aristóteles al distinguir entre *praxis* y *poiesis*, la acción no es fabricación de objetos o de instrumentos sino creadora de humanidad. La *praxis* es *autopoiética*: la principal industria del hombre es inventarse y darse forma a sí mismo. Esta perspectiva, fundamental en la idea *dinámica* que el ser humano se hace de sí mismo, ya tuvo una importancia central en el planteamiento de la *dignidad* humana realizado por Giovanni Pico della Mirandola en su famosa *Oratio pro hominis dignitate* que algunos consideran algo así como el manifiesto del humanismo renacentista. Según Pico, Dios ha situado a cada uno de los seres en su lugar apropiado a lo largo de una escala de los vivientes que desciende desde la sublime agilidad del ángel hasta la amorfa pulsación de la ostra. En esa jerarquía, cada cual adquiere su perfección siendo lo que es, ni más ni menos. Pero al hombre Dios le ha creado sin lugar propio, como una pieza móvil entre figuras encapsuladas, tan capaz de ascender hacia lo alto como de descender hasta lo más bajo, es decir, capaz de *actuar*. Un «magnífico camaleón» que puede adoptar las formas más diversas e inesperadas. Con este discurso la divinidad certifica esta disponibilidad única: «No te he dado, Adán, ni un aspecto tuyo propio, ni ninguna prerrogativa tuya, porque aquel puesto, aquel aspecto, aquellas prerrogativas que tú deseas, todo, según tu voluntad y juicio, lo obtengas y conserves. La naturaleza determinada de los demás seres está contenida en las leyes por mí prescritas. Tú te la determinarás a ti mismo, sin estar condicionado por ninguna frontera, según tu arbitrio, a cuya potestad te consigno. Te puse en el centro del mundo, para que descubrieras mejor todo lo que hay en él. No te he hecho ni celeste ni terrestre, ni mortal ni inmortal, para que tú mismo, libre y soberano artífice, te plasmaras y esculpieras en la forma por ti elegida. Tú podrás degenerar hacia las cosas inferiores, hacia los brutos; tú podrás regenerarte, según tu voluntad, hacia las cosas superiores que son divinas.» La dignidad del hombre es ser co-creador de sí mismo junto con Dios, completando y reformulando aquello por la divinidad esbozado. Su perfección no está en cumplir el programa determinado de su ser sino en inventarlo y orientarlo hacia lo mejor... Es la naturaleza (o el *Deus sive Natura*) la que obra a través de los demás seres, cuyo destino tienen seguro y a salvo en ella, mientras que el hombre *actúa* por sí mismo y a su propio riesgo en la naturaleza.

Ecos indudables del planteamiento de Giovanni Pico aparecen siglos más tarde, durante la Ilustración francesa, en la doctrina de Rousseau acerca de la *perfectibilidad* humana, sobre la que se funda la posibilidad de la educación pero que presenta como contrapartida inevitable la posibilidad de corrupción humana, su degradación del primigenio e irrecuperable estado de naturaleza. Uno de los *revivals* contemporáneos más curiosos del discurso renacentista sobre la dignidad humana se encuentra en el primero de los *Sonetos desde China* de W. H. Auden. Tras mencionar cómo las diversas criaturas naturales (abejas, truchas, melocotones...) recibieron desde la primera hora su ser definitivo y quedaron satisfechas «de estar en lo cierto y conocer su posición por toda la eternidad», prosigue así:

Hasta que finalmente apareció una criatura infantil sobre la cual los años podían modelar cualquier característica,
simular, a gusto del azar, un leopardo o una paloma,
que se veía suavemente sacudida por la más suave brisa,
que buscaba la verdad pero estaba siempre equivocada,
y envidiaba a sus escasos amigos, y elegía a su amor.

Resulta sobre todo interesante que Auden subraye el carácter «infantil» del ser humano, es decir expectante y tentativo. En la antropología es válida más que en ningún otro campo la sentencia de Karl Kraus: «nuestra meta es nuestro origen».

Digamos finalmente que esta perpetua adolescencia humana dota también a la especie de una singular tenacidad, de una obstinación a veces admirable y otras temible. En su hermosa meditación narrativa *Terre des hommes*, Antoine de Saint-Exupéry cuenta la tremenda peripecia de un aviador compañero suyo que, en medio de una fenomenal tormenta de nieve, desaparece en los Andes. Todos le dan por definitivamente perdido: aun en el supuesto de que no hubiese muerto al estrellarse su avión, ¿quién podría sobrevivir a la noche atroz en las cumbres congeladas? Pero el piloto reaparece siete días más tarde, tras haber caminado entre abismos y farallones cubiertos de hielo durante jornadas casi inimaginables. Recordando a su mujer, a sus compañeros, consciente de la obligación impuesta por el correo que llevaba en su aparato y negándose a la tentación de echarse en la nieve para morir en paz. Saint-Exupéry se reúne finalmente con él y «es entonces cuando expresaste, y tal fue tu primera frase inteligible, un admirable orgullo de hombre: "Lo que yo he hecho, te juro que jamás lo habría hecho ningún animal"».

Capítulo 2

Incertidumbre y fatalidad

> *¿Se delibera sobre todas las cosas
> y todo es susceptible de deliberación o
> sobre algunas cosas la deliberación no
> es posible?*
>
> Aristóteles

La acción no es una capacidad optativa de los humanos, sino una necesidad esencial de la que depende nuestra supervivencia como individuos y como especie. Se puede elegir cómo y cuándo actuar, pero es forzoso actuar: ahí no hay elección posible. No estamos determinados ni programados instintivamente de tal modo que podamos dispensarnos de actuar, como argumentamos en el capítulo anterior. Tenemos bastante dónde elegir a la hora de obrar, pero no podemos optar entre elegir o no, entre actuar o no actuar en términos generales. Sartre afirmó que estamos *condenados* a la libertad, lo cual es una forma un poco truculenta de establecer que es la acción lo que define al hombre. En cuanto a la libertad... De momento, intentaremos avanzar en este análisis antropológico lo más lejos que podamos sin recurrir a ese concepto ambiguo y explosivo. «Es una de esas detestables palabras —señaló con malhumor Paul Valéry en sus *Miradas sobre el mundo actual*— que tienen más valor que sentido; que cantan más que hablan; que piden más que responden.» De modo que sólo hablaremos de «libertad» cuando ya no haya más remedio.

Los animales viven, sin proponérselo, como es debido; los humanos debemos proponernos estilos y planes de vida para poder vivir. El hombre necesita un *símbolo práctico* de lo que es y hace para poder ser y hacer. Por lo común, ese símbolo práctico no es monoplaza ni privado sino que lo compartimos con muchos otros, lo recibimos de quienes se nos asemejan y lo transmitimos a quienes queremos que se nos asemejen: cada símbolo práctico de la vida deseable es un vínculo social, una «religión» (de *religare*, establecer una unión o ligamento interpersonal codificado de carácter virtual). Ningún ser simbólico —o «lingüístico», si se prefiere— puede vivir sin religión, sin religiones. Todas las acciones humanas, si no intentan aliviar carencias biológicas inmediatas, pertenecen a alguna forma de *culto*. La sociedad de los hombres —nuestro ámbito natural de existencia— es proveedora y mantenedora constante de cultos de orientación práctica vital que crean modelos de ortodoxia humana colectiva, a su vez incesantemente modificados o aun radicalmente transformados por seductoras herejías individuales. El lenguaje es la alfombra mágica simbólica de este permanente sobrevolar activamente la realidad para intentar llegar a ser plenamente reales. Sin lo-

grarlo nunca del todo, claro: el perpetuo inacabamiento en la realización, el insalvable «más allá»
que todo símbolo propicia y mantiene abierto es la
esencia de nuestra condición humana, la cual dejaría de serlo (o nos resultaría irreconocible) si pu-
diéramos considerarla definitivamente cumplida. La
inquietud caracteriza el corazón de nuestro corazón,
como señaló Agustín de Hipona y después tantos
otros. Inquietud: es decir, que la rutina instintivamente apaciguadora —aun acrisolada por éxitos
parciales— *nunca bastará* para seguir viviendo humanamente. Ser humano consiste en buscar la fórmula de la vida humana una y otra vez.

¿Cómo actuamos? Es decir: ¿cómo trazamos los
planes y decidimos los gestos que pretenden hacer
efectivo en cada caso nuestro ideal práctico? Porque
los hombres dirigimos o protagonizamos más simbólica que instintivamente nuestras vidas, pero desde luego no las creamos incondicionalmente de la
nada. La indeterminación que nos mantiene relativamente disponibles no debe confundirse con la divina omnipotencia que aniquila cualquier obstáculo
al deseo aun antes de que llegue a plantearse. Lo absurdo e impensable de intentar imaginar un Dios
personal (es decir, un antropoide infinito y eterno)
consiste en que deberíamos aceptar un Alguien que
nunca actúa sobre lo real porque siempre crea *ex
nihilo*, que carece de voluntad porque para Él querer, decidir y lograr son exactamente lo mismo... ¡y
ni siquiera sabemos qué es lo que viene primero!
A pesar del rango de co-creadores que Pico della Mirandola nos atribuye en su *Oratio pro hominis dig-*

nitate, el desempeño de la acción humana es fundamentalmente distinto del incomprensible rol divino. Digamos que Dios propone y dispone a la vez (¡ventajas, según algunos, de no existir más que en la ilusión!) mientras que los seres humanos proponemos pero sólo disponemos muy relativamente, habiendo de someternos a la incertidumbre de lo indisponible.

En la acción humana interviene el conocimiento de lo que no hemos dispuesto, las posibilidades de las que creemos disponer y la disposición que tomamos. Ludovico Geymonat establece así estos tres elementos constituyentes fundamentales en el segundo capítulo de su opúsculo *La libertad*: «el estado de cosas del que parte el individuo, el conjunto de iniciativas compatibles con tal estado de cosas y el acto de voluntad con el que decide elegir una». Precisemos un poco cada uno de ellos. Primero, el estado de cosas del que parte el individuo, es decir, la situación efectiva del universo según se presenta a quien intenta comprenderla pero sin ser regidor ni responsable de ella. Leyes y funciones de lo existente que hemos tratado de codificar aunque tenemos claro que, en cualquier caso, no responden a nuestro arbitrio. Cuanto mejor las comprendamos, mejor podremos aprovecharlas: pero no está en nuestra mano rechazarlas o ignorarlas a capricho. En segundo lugar, las iniciativas compatibles con tal estado de cosas, es decir lo que en tales circunstancias podríamos hacer... si quisiéramos. Con ellas se mezclan las posibilidades dudosas que queremos, aun sin estar seguros de que sean realmente posibles. Forman el abanico de ofertas averiguadas o inventadas de que disponemos cuando llega el momento de actuar. Cada una de ellas podemos imaginarla encaminada a realizar algún aspecto de nuestros ideales prácticos, esos símbolos dinámicos de nuestro ser y querer de los que hemos hablado. En tercer lugar, el acto de voluntad que opta entre esas alternativas e intenta realizar una de ellas. Si no me equivoco, es en este último paso —en la elección propiamente dicha— donde reside el motor de la acción humana. Porque actuar requiere sin duda *conocimiento* (para saber hasta donde sea posible cómo están las cosas y cuál es su naturaleza) e *imaginación* (para diseñar virtualmente los proyectos compatibles con tal naturaleza que puedan llevarnos a realizar nuestros distintos y a menudo contrapuestos ideales prácticos), pero consiste principalmente en *decisión* acerca de lo que *va a* hacerse, eligiendo entre los proyectos del menú de cuanto parece que *puede* ser hecho. Actuar es en esencia elegir y elegir consiste en conjugar adecuadamente conocimiento, imaginación y decisión en el campo de lo posible (sobre lo imposible, en cambio, no hay deliberación, como ya señaló Aristóteles: no podemos «elegir» ser inmortales...).

Esta conjunción de elementos es imprescindible para que la acción sea propiamente tal, es decir: voluntaria. Acerca de este asunto de la voluntariedad realiza también detallados análisis Aristóteles en el libro III de su *Ética a Nicómaco*. Señala que la ignorancia y la fuerza, por ejemplo, vician lo voluntario de la acción («siendo involuntario lo que se hace por fuerza y por ignorancia, podría creerse que lo voluntario es aquello cuyo principio está en uno mismo y que conoce las circunstancias concretas de la acción»). Creo que ambas restricciones deben tomarse sin embargo en términos relativos, sin que pueda decirse que en todos los casos invalidan por completo nuestro papel como sujetos de la acción. Si obramos por ignorancia, es decir sin suficiente conocimiento o con una noción errónea del estado de cosas en que vamos a intervenir, es justo afirmar que nuestro acto no es totalmente voluntario: hacemos lo que sabemos pero no sabemos del todo lo que hacemos. Si hubiéramos sabido más o mejor es de suponer que habríamos actuado de otro modo. Ahora bien, esa deficiencia no anula totalmente lo voluntario de nuestra decisión. De otro modo, el campo de nuestras acciones voluntarias se reduciría prodigiosamente porque casi nunca tenemos un conocimiento pleno y plenamente fiable de las circunstancias pasadas, presentes y futuras en las que nuestra actividad va a inscribirse. Obramos conociendo ciertas cosas, ignorando otras quizá no menos relevantes y apoyándonos en nociones a menudo parcial o completamente equivocadas. Pero no por ello podemos en la mayoría de los casos dispensarnos de actuar. En su obra antes citada, Arnold Gehlen recuerda que «ya Kant vio el hecho paradójico (desde el punto de vista de todo racionalista), que podemos expresar así: *la necesidad de actuar es mayor que la posibilidad de conocer*».

Obramos pues a partir de lo que conocemos y a despecho de lo que ignoramos o sabemos mal. En determinadas opciones, la ignorancia es decisiva y podemos afirmar que invalida plenamente la voluntariedad de nuestro gesto: por ejemplo, si al intentar aplacar mi sed bebo un vaso de agua envenenada que yo creo limpia y pura, como ocurre al final de *Hamlet*. Pero en otras ocasiones debo actuar a partir de probabilidades y certezas cuestionables, como cuando tomo una postura política o decido contraer matrimonio. Estas elecciones son voluntarias, pero deben asumir la parte de *incertidumbre* y por tanto de involuntariedad en que van a incurrir al realizarse. Actuamos de acuerdo con conocimientos de urgencia, de cuyas limitaciones podemos ser muy conscientes, por lo que nuestra opción voluntaria incluye también el riesgo parcial de involuntariedad por ignorancia... Nuestro conocimiento es incompleto, pero nuestra vocación de acción no puede ser infinitamente aplazada. Y esto precisamente es lo que nuestra voluntad mejor sabe.

El otro impedimento que señala Aristóteles como obstáculo de la voluntariedad es lo que nos fuerza a obrar de cierto modo y no de otro, es decir, lo que restringe nuestras posibilidades alternativas y condiciona (o sustituye) nuestra decisión. Desde luego, si se nos coacciona de tal modo que nos es imposible elegir (como el prisionero que debe saltar al mar con las manos atadas desde la plancha de madera, empujado por el sable del pirata a su espalda), el acto no es voluntario... ¡y probablemente ni siquiera puede ser considerado un auténtico «acto» humano! Pero cuestión diferente es que nos veamos urgidos a actuar dentro de un estrecho marco de circunstancias que restringen nuestras opciones —ofreciéndonos sólo lo malo y lo peor, por ejemplo—, pero sin anular por completo la capacidad de elección. Es el caso del capitán del barco que, en plena tempestad, debe optar entre arrojar la carga al mar para equilibrar la nave o correr gravísimo riesgo de zozobrar; o del herido que autoriza al cirujano a que le ampute la pierna gangrenada para así intentar salvar la vida. En ambos ejemplos, se actúa impelido por la fuerza de las circunstancias. Se sacrifica la carga o la pierna *sin quererlo* en términos absolutos, pero queriéndolo relativamente en la situación dada, es decir prefiriendo esa desdicha a otra que se supone aún mayor. No puede negarse que existe elección y por tanto voluntariedad, pero es una voluntad *forzada* a optar por algo que sólo quiere en contra de su querer más amplio y que no hubiera escogido en un contexto más clemente. Recordemos, por añadir otro ejemplo aún más terrible, el que se le ofrece a la protagonista de la película *La decisión de Sofía* (interpretada por Meryl Streep) obligada por los verdugos nazis a elegir a cuál de sus dos hijos quiere salvar de la cámara de gas...

En tan dramáticas disyuntivas, la decisión voluntaria incluye y asume una notable parcela de involuntariedad al escoger. Pero sin llegar a estos casos extremos, gran parte de nuestras acciones voluntarias ven circunscritas sus opciones por causas de fuerza mayor que limitan las posibilidades reales que se nos ofrecen y nos privan de otras más acordes con nuestro auténtico ideal práctico de vida. En mayor o menor grado, nuestra voluntad siempre ha de ejercerse en el marco de una necesidad que en cierta medida la contraría. Llamamos «acto voluntario» no al que concuerda plenamente con nuestro gusto, sino al que menos nos disgusta en un contexto práctico irremediable que no hemos podido elegir. Es decir, aquel gesto por el que deliberadamente optamos para afrontar la *fatalidad*.

De modo que, *pace* Aristóteles, la voluntaria disposición de nuestras acciones está marcada por dos constricciones irremediables. Nuestro conocimiento del estado de cosas y nuestra imaginación para presuponer alternativas de actos viables padece la limitación de la incertidumbre. Nunca lo sabemos todo, nunca estamos seguros de saber lo suficiente o de no ignorar lo más importante: lo único que siempre podemos prever con absoluta certeza es el acecho de lo imprevisible... Aun cuando la deficiencia de saber no anule la voluntariedad por completo, siempre la condiciona de manera importante, a veces descorazonadoramente decisiva. Sin embargo, nuestra necesidad de actuar va más allá del alcance efectivo de nuestro conocimiento y nuestra imaginación. Estas carencias nos limitan y a veces nos traicionan, pero no pueden paralizarnos. Y esa misma necesidad de actuar constituye la segunda coacción que acota nuestra voluntad, porque debemos obrar irremisiblemente en un marco de fatalidad que se nos impone en la mayoría de los casos. Cuanto más nos obligan urgentemente a obrar las circunstancias, en mayor medida esas mismas circunstancias restringen y precisan el ámbito de nuestras elecciones prácticas: son apremiantes, pero equívocas.

A la combinación de la incertidumbre (causada por nuestro conocimiento deficiente) y de la fatalidad que nos urge a actuar, solemos llamarla *azar*. El azar es el rostro mágico y simple de algo sumamente intrincado, de una madeja que renunciamos a devanar. Deambulamos por el azar como por un laberinto, «el laberinto de los efectos y las causas» del que habló aquel gran maestro en laberintos que fue Borges. Y Montaigne se preguntó, glosando a Cicerón, que cómo el azar no va a tener una parte decisiva en nuestras vidas, cuando vivimos por azar. Eso que llamamos azar se encarga de malear la voluntariedad de nuestros actos hasta hacerla a veces irreconocible: convierte —en parte o del todo— la acción en «accidente». Obramos voluntaria pero también accidentalmente. Y ello porque nosotros mismos somos accidentales, porque nuestra misma existencia de sujetos activos —irrepetibles y frágiles, provisionales—, así como nuestra personalidad o «carácter» (al cual dieron tanta importancia los griegos y Schopenhauer), es el más irremisible y azaroso de los accidentes. Cada quien es para sí mismo, ante su actividad necesaria, el «accidente absoluto», la esencial incertidumbre y fatalidad con la que nos toca lidiar como sujetos activos. Ese accidente nunca falta, no hay modo de paliarlo, y a partir de él se produce la acción fruto de la voluntad que pretende dirigirla.

Hagamos de momento aquí un alto, que entretendremos con un cuento. El relato se debe a la plu

ma de Frank R. Stockton, se titula *¿La dama o el ti-*
gre? y tanto por su título como por su argumento
(aunque no, ciertamente, por su estilo) podría haber
sido escrito por Borges. Se dice que en la remota
antigüedad vivió un rey semi-bárbaro que adminis-
traba justicia de un modo a la vez espectacular y
caprichoso. Para castigar los delitos especialmente
graves había imaginado una singular ordalía. El
acusado era conducido cierto día señalado a la arena de un circo en cuyas gradas se apretaba todo el
pueblo reunido. Ante él había dos puertas. Tras una
de ellas aguardaba un tigre hambriento, el más fie-
ro que se había podido conseguir para la ocasión;
tras la otra estaba una hermosa doncella, atractiva
y virginal. Sólo el rey conocía al inquilino que
aguardaba en cada puerta. El reo debía elegir forzosa e inmediatamente una u otra de ellas: en ambos casos, su suerte estaba echada. Si aparecía la
fiera, moría destrozado en pocos segundos; si salía
la dama, debía desposarla sin dilación y con la mayor pompa, apadrinado por el propio monarca, de-
rogándose cualquier matrimonio o compromiso que
pudiera antes haber contraído. Queda a gusto de
cada uno determinar cuál era el destino más cruel...

En cierta ocasión, el criminal estaba acusado de
un delito especialmente grave. Siendo un simple
plebeyo, se había atrevido a cortejar en secreto a la
hija única del rey y ésta había correspondido apa-
sionada y clandestinamente a su amor. Para su juicio en la arena fatídica, el bárbaro rey se esmeró especialmente en la búsqueda del más voraz de los ti-
gres pero también seleccionó a la más deliciosa de

las doncellas como alternativa. Convulsa, la princesa amante se vio lacerada por una doble angustia: a un lado, ver el cuerpo tan querido y acariciado despedazado a zarpazos; en el otro, contemplar a su enamorado unido conyugalmente con una señorita preciosa, a cuyos encantos ella sabía bien que el joven culpable no era precisamente indiferente. Con ardides de mujer y arrogancias de princesa, logró enterarse de cuál era la puerta que en la arena correspondía a cada uno de ambos indeseados destinos. El muchacho apareció sobrecogido en el circo, abrumado por la expectación de la multitud. También él conocía el íntimo dilema de su amada y desde el ruedo le lanzó una mirada de súplica: «¡Sólo tú puedes salvarme!» Con gesto discreto pero inequívoco, la princesa señaló la puerta de la derecha. Y por ella optó sin vacilar el condenado. Ahora transcribo cómo concluye su relato Stockton: «El problema de la decisión de la princesa no puede considerarse con ligereza, y yo no pretenderé ser la única persona capaz de resolverlo. Por lo tanto, dejo que respondan todos ustedes: ¿quién salió por la puerta abierta... la dama o el tigre?»

En efecto, tal es la acuciante cuestión para la princesa, para el joven amante y para cualquiera de nosotros, casi cada día y a cada paso, cuando guiados por oráculos ambiguos llegamos al momento incierto y fatal de la acción...

Capítulo 3

¿Para qué? ¿Por qué?

> *Do I dare Disturb the universe?*
> *In a minute there is time*
> *For decisions and revisions which*
> *a minute will reverse*
>
> T. S. Eliot

En cierto recodo de su más bien árida *Metafísica*, Aristóteles nos hace vislumbrar en apunte una historia marinera digna de Stevenson o, aún mejor, de Conrad: «Por accidente se arriba a Egina, cuando no se hizo ánimo de ir allí, sino que le ha llevado a uno la tempestad o los piratas. El accidente se produce, existe, pero no tiene la causa en sí mismo y sólo existe en virtud de otra cosa. La tempestad ha sido causa de que hayáis arribado a dónde no queríais, y este punto es Egina.» Ya estamos en Egina, sin comerlo ni beberlo o —por decirlo con mayor finura— por causas ajenas a nuestra voluntad, accidentales. El viaje a esa isla poco se parece, por ejemplo, al que hicieron los tripulantes de la goleta *Hispaniola* rumbo a la isla del tesoro en la novela homónima de Stevenson. ¿Cuál es la diferencia?

Pues que la *Hispaniola* tenía intención de llegar a su isla, se propuso antes de partir llegar hasta allí, quiso hacer ese viaje. Aunque diferían en intereses y proyectos, los navegantes de la *Hispaniola* —respetables los unos y piratas los demás— viajaron voluntariamente e hicieron lo que quisieron hacer. Los que llegaron a Egina fueron pacientes y no agentes de su travesía; quienes arribaron a la isla del tesoro, *actuaron* de veras, movidos por lo que su ánimo les dictó. Los unos sufrieron su suerte como juguetes de fuerzas ajenas, los otros realizaron su humano propósito.

Todos los seres del universo que conocemos pueden verse accidentalmente doblegados por causas indomeñables que no dependen de ellos y los seres humanos comparten este común destino. En innumerables ocasiones todos, de la rosa a la estrella pasando por el pirata, tenemos que ser en efecto meros *pacientes* de lo que ocurre. Frente a las inmensas e infinitas fuerzas que operan tumultuosamente en la realidad, el vigor que nos corresponde a veces apenas cuenta... Lo propio de los humanos, en cambio, es de vez en cuando ser *agentes* de acontecimientos, dar origen voluntario a lo que no ocurriría si no hubiésemos querido que sucediese. Es decir, ser sujetos protagonistas de actos intencionados. Como bien establece Manuel Cruz en un libro utilísimo, «la intención introduce un cambio cualitativo en la esfera de lo real ocupada por el hombre» (*¿A quién pertenece lo ocurrido?*). La novedad antropológica que nos define como especie no especializada es el obrar no meramente instintivo o reflejo sino intencional, es decir, la capacidad de acción: la práctica. Sin intención no hay acción. En palabras de nuevo de Manuel Cruz, «la condición necesaria para que tenga sentido considerar algo como una acción es la *posibilidad de proponérselo o de tener intención de hacerlo*» *(ibídem)*. Y ¿cómo puede establecerse *a posteriori* que un acto ha sido intencionado? Cuando su agente es capaz de responder más o menos satisfactoriamente a las preguntas de «para qué» y «por qué» lo ha hecho.

En la respuesta a estas básicas cuestiones los filósofos de la acción, desde el ínclito Aristóteles hasta los a veces fastidiosos analíticos anglosajones, se enredan en una compleja urdimbre de causas, motivos, propósitos, intenciones, etc. que en ocasiones, a mi juicio, tienen mucho más que ver con los usos lingüísticos de cada idioma que con la simplicidad siempre engañosa de los hechos objetivamente considerados. Sin menospreciar estas disquisiciones sutiles y frecuentemente enriquecedoras, optaremos aquí por una fórmula nada original pero sintética y creo que suficientemente clara. Consideremos algunas series de acciones habituales, como correr hacia el autobús y subirse a él, pelar una manzana y morderla o apretar el gatillo de un revólver apuntando a un semejante. En todos los casos, la pregunta «¿para qué?» se refiere propiamente a la intención del sujeto agente, es decir, a lo que se propone o pretende hacer: viajar en el vehículo, comerse la fruta o liquidar al prójimo. La pregunta sucesiva, «¿por qué?», se refiere al motivo o causa que ha determinado tal conducta: acudir a un trabajo en otro barrio de la ciudad, satisfacer el apetito o deshacerse de un enemigo. Cada acción intenta hacer algo por cierto motivo, de acuerdo con una línea de pensamiento del sujeto y no por coacción irresistible de las leyes físicas de la realidad o por un no menos irresistible impulso instintivo. La tempestad o los piratas que nos llevan a Egina desbancan nuestra intención y prescinden de nuestros motivos, de un modo semejante a como damos una cabezada producida por la fatiga mientras conducimos un coche o alzamos con gesto reflejo el brazo para proteger nuestro rostro de un insecto, perdiendo el control del volante. Incluso aunque las causas exteriores o los impulsos interiores nos lleven a situaciones que finalmente pueden revelarse favorables y coincidir con lo que deseamos, no puede llamarse «acción» a lo que hacemos movidos por unas u otros.

La intención apunta a lo que se quiere efectivamente hacer, el motivo o la causa por la que se elige hacer precisamente eso. Ahora bien, aunque nos referimos a nuestros motivos como «causas» de las acciones, esta causación debe ser tomada *cum grano salis*. Ningún motivo es causa de la acción en el sentido directo, inmediato e irremediable en el que decimos que un tropezón «causa» una caída o que el golpe de una bola de billar «causa» el movimiento de aquella otra con la que choca. Podríamos decir que el motivo explica causalmente la acción, pero no la condiciona como un efecto necesario. Este punto necesita un examen algo más detenido.

Cada acción humana se exterioriza en forma de algún tipo de movimiento que transforma parcialmente el mundo donde vivimos, pero tiene también un componente interno, no exteriorizado o *mental*. La dimensión objetiva de la acción puede ser descrita desde fuera por cualquier testigo presente allí donde la acción ocurre, mientras que la dimensión subjetiva o mental sólo puede ser conocida (al menos parcialmente) por el sujeto que la protagoniza. Esta distinción es fundamental y en ella se basa que el derecho pueda dictar sanciones o que la sociología pueda ser considerada «científica» (incluso experimental y formalizable en parte), mientras que la ética siempre será exhortativa y nos remitirá a la conciencia de cada cual. Tanto el derecho como la sociología se atienen a desentrañar, categorizar y —en su caso— juzgar la dimensión objetiva de la acción, que responde a la pregunta «¿para qué?». En cambio, la consideración de los motivos (la respuesta a la pregunta «¿por qué?») intenta explicar la parte mental y por tanto irreductiblemente subjetiva de la acción. En su dimensión adivinatoria —que pretende objetivar lo subjetivo— será psicológica y, en tanto se mantenga como pura reflexión sobre la voluntad del sujeto que sólo él gestiona, resultará ética.

Los motivos de la acción explican la decisión de la voluntad a la que responde ésta, pero no identifican su «causa» en el sentido fuerte antes mencionado. La causa de cada acción es *siempre* la voluntad libre que se decide por un motivo y no el motivo mismo. Entre los motivos posibles, aceptables o descartables, y la línea de actuación efectivamente seguida por el agente existe lo que John R. Searle denomina *gap* es decir, una brecha o hiato. Por expresarlo con sus palabras, «la brecha es aquel rasgo de la intencionalidad consciente por el que los contenidos intencionales de los estados mentales no se experimentan por el agente como algo que establece condiciones causalmente suficientes para decisiones y acciones, incluso en los casos en los que la acción es parte de las condiciones de satisfacción del estado intencional» *(Razones para actuar)*. Por un lado están los motivos que justifican la intención y por otro la acción misma que cumple el propósito intencional: entre los unos y la otra hay un hiato resolutivo que sólo puede colmar lo que llamó Aristóteles *proairesis*, la voluntad que elige o el libre albedrío. El motivo decisorio sólo se convierte en causa eficaz de la acción gracias a la voluntad que lo escoge y acepta. Ningún motivo, por contundente y convincente que en sí mismo parezca, desencadena necesariamente la acción; incluso puede darse que el motivo final de la acción no sea el más contundente ni convincente según una consideración abstracta (tal como veremos después en el capítulo quinto).

En este punto, para desentrañar la *proairesis* o capacidad de elegir que constituye el nervio mismo de la acción humana, hay que intentar identificar sus dos componentes esenciales: el yo o sujeto y la racionalidad por la que en principio parece regirse (esta última también puede expresarse así: el conjunto de operaciones mentales por el que se rige, que llamamos «racionalidad»). La acción está protagonizada por un yo, es decir, un sujeto capaz de autoconcebirse como suficientemente estable y duradero a lo largo del tiempo. El yo es un polo de capacidad dinámica que se proyecta hacia el futuro. Tener intenciones y hacer proyectos es asumir que quien intenta y proyecta seguirá siendo el mismo *luego*. El yo que es sujeto de la acción ocupa imaginariamente los momentos que le corresponderán en lo que todavía no ha sido (sin duda porque también es capaz de recordarse como más o menos idéntico al que era antes de lo que ocurrió y de lo que hizo). Sin conciencia del tiempo no hay yo-sujeto y sin yo-sujeto no puede haber acción. La tan poéticamente deplorada *inquietud* existencial humana —inepta para remansarse sin remordimiento ni afán en el presente— se debe enteramente a la condición práctica del hombre. Si el hombre fuese inactivo no padecería la zozobra del tiempo... ni sería hombre, claro está. De aquí que la voluntad humana no sea tanto voluntad de vivir o de poder sino ante todo *voluntad de futuro*, afán de seguir durando, *conatus*. En el segundo volumen de su *The Life of Mind*, dedicado a la voluntad, Hannah Arendt señala que en la lengua inglesa una misma palabra —*will*— sirve para construir los tiempos verbales de futuro y para denominar la voluntad. A fin de cuentas, lo mismo ocurre en todos los procesos simbólicos que constituyen el lado mental de la acción humana.

En cuanto a la racionalidad, consiste en el proceso de evaluación de lo real, búsqueda de alternativas y toma de decisiones que configura la *proairesis* del yo-sujeto. El proceso racional es el que compara y jerarquiza los motivos, poniéndolos en relación con las posibilidades de intervención en lo real. De aquí que también hablemos de «razones» para actuar y no sólo de motivos o causas de la acción. Lo característico de la racionalidad es que no sólo opera en la determinación de los «por qués», sino también en la de los «para qués» intencionales. Por medio de la razón, el yo busca en el tiempo futuro (rememorando en ocasiones las lecciones del tiempo pasado) las acciones más convenientes según los deseos, creencias, compromisos y posibilidades efectivas de que tiene conciencia simbólica. Por medio de la razón, el yo lleva a cabo el examen dinámico del tiempo en que existe. Así lo expresa Searle con los términos que le son más propios: «La racionalidad en la acción es aquel rasgo que capacita a los organismos, con cerebros lo suficientemente grandes como para tener yoes conscientes, para coordinar sus contenidos intencionales, de modo que produzcan mejores acciones que las que se producirían por la conducta guiada por el puro azar, el actuar de acuerdo con los impulsos, por el solo instinto o por los tropismos» *(Razones para actuar)*.

Respecto al tema de cómo determinar cuáles acciones son «mejores» y los argumentos para tenerlas por tales, intentaremos discutir varias perplejidades en el próximo capítulo. Y en el sucesivo abordaremos la posibilidad de si se dan acciones *irracionales*... sin dejar de ser por ello plenamente acciones. Ahora, para concluir este apartado, deberemos reflexionar un trecho acerca de la vinculación entre «deseo» y «motivo o razón» de la acción. Es decir examinaremos esta cuestión: ¿es siempre un deseo la mejor respuesta a la pregunta acerca del por qué de cada acción? Aunque en ninguno de los escritos que se le atribuyen aparece plena y crudamente explicitado, es opinión general que Aristóteles interpreta la acción humana como respondiendo a un *silogismo práctico*, que funciona de manera semejante al silogismo lógico que aplica a la tarea del conocimiento. Un caso de tal silogismo podría ser el siguiente: «Deseo proteger mi salud. Comer fruta protege la salud. Por tanto, comeré fruta.» La conclusión racional práctica del silogismo se cumple en la acción de comer fruta. Según parece, tanto Aristóteles como muchos otros filósofos, que después de él han intentado analizar las razones que motivan nuestras acciones, consideran que hay que partir siempre de algún deseo humano para que nuestra decisión resulte inteligible. Ese deseo en ocasiones se centrará en algún aspecto instrumental de la acción y en otros casos abarcará los fines más amplios de nuestra vida activa (el deseo de ser feliz sería el primero de todos, la premisa de la que depende el resto de nuestro razonamiento práctico), pero siempre el fundamento de la razón práctica reside en nuestro *querer*. Por supuesto, señala Aristóteles, también podemos desear lo imposible o lo que no está en nuestra mano decidir, respecto a lo cual habrá deseo pero no decisión alguna (puedo desear la inmortalidad pero no «elegir» ser inmortal). En cambio otros pensadores, destacadamente John R. Searle, discrepan de este criterio, al menos parcialmente. Según Searle, la jerarquización entre los deseos más básicos y los deseos que rigen nuestras acciones inmediatas nunca está espontáneamente establecida y exige precisamente una deliberación racional para llegar a configurarse. Esa deliberación apela a razones que no siempre son deseos y se refieren a obligaciones de otro tipo. Para tales razones, señala Searle, la razón es el fundamento del deseo y el deseo no es el fundamento de la razón.

A mi juicio, en cierto sentido es sin duda nuestro deseo —entendido de forma amplia y algo vaga— lo que motiva nuestras acciones: actuamos para cumplir el plan de vida que queremos. Pero también resulta indudable que nuestro querer está en gran medida determinado por el conocimiento racional de lo que somos y de lo que es la realidad en que vivimos. Nuestros conocimientos y creencias deciden lo que nos parece *conveniente* desear y sabemos que no todo lo que en primera instancia puede apetecernos resulta compatible con lo que somos y cómo somos (podemos desear lo imposible pero no decidimos nada a su respecto, o mejor: decidimos que es imposible y basta). De modo que ciertas razones orientan los deseos tanto, al menos, como ciertos deseos acicatean nuestra razón para buscar el modo de realizarlos. De acuerdo con la diversa dosificación en ellos de razón y deseo, podemos intentar una taxonomía que agrupe en cinco grandes rúbricas nuestros motivos de acción, es decir, las respuestas a la pregunta «¿por qué?»:

a) *Necesidades*. Son necesarias en el sentido más básico del término aquellas demandas físicas cuyo incumplimiento pone en peligro la vida del sujeto: comer, beber, evitar temperaturas extremas y ciertas agresiones corporales, etc. También son necesidades, aunque sea en un sentido más secundario, las urgencias sociales cuya desatención nos expone a la insatisfacción de las necesidades básicas antes mencionadas o lesiona gravemente nuestra autoestima como miembros de una comunidad: por ejemplo, luchar contra la miseria extrema, contra la exclusión racial, sexual o ideológica, contra la privación de derechos políticos o garantías de protección social, etc. Seguramente existen también necesidades afectivas (especialmente en la infancia, que en los seres humanos dura casi toda la vida) cuya mutilación implica trastornos incurables en nuestra integridad personal. La mayoría de nuestros deseos provienen de nuestras necesidades... aunque no deseamos ni elegimos lo que nos es necesario. Por su parte, la razón reflexiona sobre lo que somos a partir de lo que necesitamos. Lo característico de las necesidades es su carácter negativo: son carencias a remediar, cuya privación se nos hace insoportable pero cuya satisfacción —cuando es habitual o fácil— apenas celebramos como una gran conquista.

b) *Deleites*.   En gran medida, provienen de refinamientos culturales y enriquecimientos simbólicos en la satisfacción de nuestras necesidades. No son la necesidad convertida en virtud, sino en *lujo*. Más allá de remediar carencias y paliar formas de invalidez, aspiran a la jocundidad del derroche. Gastronomía, erotismo y confort en lo tocante a las urgencias físicas, cosmética y estilización estética

que decora lo imprescindible y valora lo bello además de lo útil, reconocimiento de méritos y honores
en el terreno de nuestra representación social. Ele-
van aspectos de lo irremediable a la suntuosidad del
capricho... Para los humanos, las gratificaciones
imaginarias son casi inseparables de los condicionamientos biológicos y a veces se imponen a ellos:
no creo que haya animales capaces de morir de ano-
rexia o de ambición despechada... La auténtica humanidad no comienza cuando los antropoides son
capaces de fabricar un puchero de barro, sino cuando lo decoran con una cenefa geométrica que en
nada mejora su utilidad pero realza su prestancia o
cuando se adornan la frente con una diadema de
flores.

   c) Compromisos. Aquí podemos incluir todas
las obligaciones racionales impuestas por nuestra reciprocidad de seres simbólicos, es decir (en expresión de Nietzsche) «capaces de prometer». En este
apartado deben figurar los más propiamente racionales de nuestros motivos, aquellos menos ligados
a deseos en el sentido estrecho e inmediato del término. Es mucho más la razón (la comprensión de
nuestro ser social) lo que nos inclina a devolver los
préstamos o a ayudar al semejante en peligro que el
arrebato del deseo. Lo mismo vale para cumplir o reformar las leyes y para atender honradamente nuestros deberes familiares o laborales. Quizá la mayor
parte de nuestros gestos cotidianos vienen motivados
por nuestro compromiso con los demás y por nuestra capacidad de ponernos en su lugar y comprender
sus intereses (la palabra «interés o *inter-esse* se refie-

re a esa ligazón que nos ata a los otros... y a veces nos enfrenta a ellos). Sin duda también la perversión de los compromisos, para utilizar la fuerza de las ventajas sociales en beneficio injusto nuestro, es una importante dinámica de motivación humana. La reflexión ética —y, en buena parte, política— se ocupa de esta cuestión, como tendremos ocasión de considerar más adelante.

d) *Proyectos.* Si en el apartado anterior incluimos las vinculaciones tradicionalmente adquiridas con nuestros semejantes, aquí nos referimos a la capacidad de innovar y transformar que también mueve las acciones humanas, desde los inventos y mejoras técnicas hasta las nuevas propuestas de interpretación de la realidad o de reforma de la convivencia, pasando por los modestos propósitos que elaboramos para nuestras vacaciones o nuestras ocupaciones laborales. Todos los hombres somos «hombres de empresa» y cada uno en la medida de nuestras fuerzas vivimos comprometidos con planes de futuro, que siempre encierran alguna mínima o ambiciosa modificación de la realidad que nos hemos encontrado y en la que nos encontramos. Ser conscientes del tiempo (ya dijimos que tal es el requisito de nuestra condición esencialmente *práctica*, activa) implica entender el porvenir al menos en parte como diseño propio, no sólo como repetición o como fatalidad. Lo cual es tan válido como motivación para el científico como para el revolucionario...

e) *Experimentos.* En este último grupo pretendo agrupar una serie de acciones humanas muy importantes aunque quizá no de las más frecuentes, las cuales pocas veces reciben atención específica por parte de los sutiles pero casi invariablemente pedestres analistas de estas cuestiones. Me refiero a las que son llevadas a cabo por quienes intentan explorar formas, colores, sonidos, imágenes o combinaciones de palabras, así como también las que expresan de modos persuasivamente no convencionales sentimientos, emociones, visiones o ideas. En resumen, los actos artísticos o poéticos en el más amplio sentido de dichos términos, que abarcan desde las más altas realizaciones estéticas a la chapuza del acuarelista dominguero, desde el hallazgo humorístico que cualquiera puede hacer al calor de una copa de vino en una reunión de amigos hasta el balbuceo del enamorado o del hijo que acaba de perder a su madre cuando tratan de hallar una voz inédita para expresar su gozo o su dolor tan usuales... Las intenciones de este apartado apenas saben lo que intentan, son proyectos de lo indefinido y deseos que rara vez logran de antemano dar cuenta clara de su afán. Me tienta decir que son las más *característicamente* humanas de las acciones humanas, porque dependen de impulsos que no surgen de nuestra naturaleza biológica ni siquiera meramente de nuestra condición social sino de nuestra personal idiosincrasia simbólica...

Resumen: Aunque hoy huracanes y filibusteros nos arrastren a la indeseada Egina, seguimos confiando en que mañana lograremos arribar por nuestros propios medios a la anhelada isla del tesoro.

CAPÍTULO 4

Entre lo bueno y lo malo

> *Nunca es importuno pensar y actuar con inteligencia, y no hay por qué dejar el histérico nombre de Deber o de Autosacrificio a lo que es simplemente un arte feliz y un compromiso racional.*
>
> GEORGE SANTAYANA

Como los instintos de los animales, como los tropismos y demás funciones vegetativas, la disposición práctica humana (la capacidad de elegir y hasta de inventar acciones) es un dispositivo al servicio de la vida. Pero la vida humana en cuanto tal tiene dimensiones que escapan a la zoología e incluso a la biología. En el animal la vida considerada como *telos* o finalidad consiste en perpetuar la especie por medio de sus miembros, conservándolos gracias a ingeniosos mecanismos para que logren reproducirse y también sacrificándolos, llegado el caso, con no menor celo utilitario. En el ser humano, en cambio, junto a la vida biológica y zoológica se da con no menor fuerza y exigencia una

vida *simbólica* que no pretende reproducir sin más
la especie sino preservar individualidades, con la
memoria de las relaciones que entre sí establecen y
de las conquistas que acuñan y comparten. El resto de especies vivientes ocupa su empeño vital en
garantizar la repetición eficaz de un modo de existencia; pero en el género humano la vida aspira a
algo más difícil y arriesgado, *la perpetuación y pro-
pagamiento de lo irrepetible.* Por eso san Agustín
dijo que el principio del mundo fue la creación de
cielos y tierra pero que el hombre representa un
nuevo *inicio,* porque tras los seres configurados según su número aparece un modelo que se define a
partir de singularidades. De aquí proviene la complejidad y dificultad que sentimos al intentar apreciar la adecuación de las acciones humanas respecto a la vida que defienden. Probablemente a ello se
refería Hegel cuando zanjó así el proyecto filosófico: «Pensar la vida, ésa es la tarea.» Pensar la vida
(humana, claro está) para valorar las acciones...

   ¿Podemos decir que existe un «arte de vivir»?
Queda entendido que consideramos «arte» a la des-
treza en un determinado ámbito práctico, cuyos
principios generales básicos pueden aprenderse (y
por tanto enseñarse) mientras que sus más altos niveles de excelencia carecen de reglas precisas y sólo
pueden admirarse en el ejercicio de ciertos individuos sobresalientes. De modo que «arte» es aquella
habilidad que, una vez aprendida, aún no se domi-
na del todo y admite grados muy diversos en el
acierto o estilo propio con que se desempeña: por
ello tomar sopa con cuchara o encender los inte-

rruptores eléctricos no son artes, mientras que sí lo son contar cuentos, bailar el tango o estafar a turistas. Resulta pues que el arte de vivir, si queremos aceptar que existe, podrá ser parcialmente aprendido (la educación en todas las épocas y latitudes fundamentalmente se encarga de eso) pero no mostrará sus mejores logros sino en ciertos modelos personales especialmente afortunados cuyos comportamientos después habrán de convertirse en «clásicos» (es decir, en dignos de ser estudiados como ejemplos a imitar en las clases).

En este arte pueden señalarse dos partes estrechamente vinculadas entre sí, según los dos niveles o perspectivas que tiene el vivir de los humanos. La primera versa sobre el mantenimiento, disfrute y reparación de nuestro organismo, lo que los antiguos conocieron como *cura sui* o cuidado de uno mismo (sobre el que escribió páginas muy interesantes el último Michel Foucault) y que nosotros podríamos denominar *higiene*. La segunda parte se ocupa de las exigencias y compromisos que implica el reconocimiento de la humanidad de nuestros semejantes para que ellos, en debida reciprocidad simbólica, confirmen a su vez la nuestra, y recibe el nombre de *ética*. Supongo que todas las acciones que llevamos a cabo pueden considerarse desde una de estas dos perspectivas «artísticas» y gran parte de ellas desde las dos...

Como cualquier otro arte, el de vivir consiste en discernir entre las diferentes formas de actuar y valorarlas. De acuerdo con la finalidad que se pretende, las cosas se pueden hacer bien, regular o mal;

incluso pueden dejar de hacerse, lo cual a su vez también será en cada caso apreciado positiva o negativamente. El arte establece en su campo una *axiología* (qué es lo bueno y lo malo, lo mejor y lo peor, qué es lo que vale y lo que no vale) y una *deontología* (qué debe hacerse en cada caso y cómo debe hacerse). De acuerdo con la naturaleza de sus objetivos prácticos, reconoce valores y configura normas. Pero a la vez hay que recordar que cada arte permanece abierto por el extremo de su excelencia, de modo que la evolución histórica de sus medios y la eventual aparición de intérpretes genialmente originales de sus fines pueden trastocar al menos en parte las pautas que parecían mejor asentadas. Por tanto, siempre se da en cada uno de ellos una cierta tensión dialéctica y dinámica entre lo asentado y lo renovador, así como —sobre todo— entre los valores considerados de modo abstracto, general, y su concreta aplicación correspondiente en el aquí y ahora en que cada acción debe ser efectuada. En particular el arte de vivir, por la enorme amplitud de actos que incluye y también por el carácter especialmente controvertido de sus objetivos, nunca podrá ser exhaustiva y perpetuamente codificado... a pesar de los esfuerzos que vienen prodigándose con abrumadora insistencia en tal sentido desde los tiempos de Hammurabi. A este respecto, tras la larga trayectoria de mandamientos inapelables e imperativos categóricos de que históricamente hemos disfrutado, resulta refrescante recordar los titubeos y precauciones de Aristóteles al comenzar un texto fundacional cuyo rigor realista difícilmente guarda parentesco con ningún relativismo posmoderno: «Que hemos de actuar según la recta razón es un principio común y que damos por supuesto... Quede convenido de antemano, sin embargo, que todo lo que se diga de las acciones debe decirse en esquema y no con rigurosa precisión; ya dijimos al principio que se ha de tratar cada caso según la materia, y en lo relativo a las acciones y a la conveniencia no hay nada establecido, como tampoco en lo que se refiere a la salud. Y si la exposición general ha de ser de esta naturaleza, con mayor razón carecerá de precisión la de lo particular, que no cae bajo el dominio de ningún arte ni precepto, sino que los mismos que actúan tienen que considerar siempre lo que es oportuno, como ocurre también en el arte de la medicina y en el del piloto» *(Ética a Nicómaco)*.

En esa última línea está lo más importante: en el momento de la acción particular aquí y ahora es el que actúa quien tiene que decidir lo más oportuno en cada ocasión concreta, sin que pueda limitarse a aplicar mecánicamente ningún precepto o normativa. Las pautas del arte de vivir, como las de cualquier otro, ofrecen un esquema orientativo y evaluativo que, sin embargo, nunca podrá sustituir la *proairesis* del sujeto y —por llamarlo así— el «toque personal» con que afronta en ese preciso instante la irrepetible y frágil singularidad de su existencia. No hay *ciencia* del vivir, definida por axiomas y leyes universalmente válidas que puedan aplicarse con el mismo resultado en el retiro experimental del laboratorio y en la calle o en la jungla, sino un arte en el que se yuxtaponen tradiciones memorables, fragmentos de antiguos códigos, reglas prácticas de comportamiento y la desesperada inspiración de la esperanza, a partir del cual o contra el cual uno obra cuando llega el caso. Por decirlo de otro modo, en lo alto del alambre donde hacemos equilibrios sin red o en la mar de corrientes traicioneras en que intentamos mantenernos a flote vienen bien la experiencia acumulada y el recuerdo de los mejores maestros..., pero seguimos dependiendo del buen tiento de nuestro ánimo, porque estamos solos.

Dentro del agobio de este compromiso es donde tenemos que manejar o padecer los grandes términos valorativos. ¡El Bien y el Mal, los más antiguos y perennes fantasmas teológicos! ¡Lo que vale siempre y lo que nunca vale! A mi juicio, el comienzo básico del arte de vivir es prescindir de la traicionera ayuda de semejantes muletas. Lo cual no implica renunciar a valorar, acogiéndonos al desánimo del «todo vale» o del «nada es válido», sino que permite —¡y exige!— *aprender* a valorar... Para empezar, hay que comprender que los dos extremos opuestos de la balanza axiológica, el Bien y el Mal, no sirven para nada a la razón ni al corazón si se los utiliza en términos absolutos: sólo tienen sentido y utilidad conceptual cuando funcionan *en relación a algo* (tal como ocurre con la Verdad, por mencionar otro valor fundamental también sacado de quicio por los rapsodas del absolutismo metafísico, según veremos en el primer capítulo de la segunda parte de este libro). Es decir, que en lugar de Bien y Mal preferiremos decir «bueno *para*...» y «malo *para*...», como nuestro padre Spinoza nos enseñó. Si se nos apura, diremos que en efecto todas las cosas son en parte buenas porque *son* y participan así del bien más común y primero de todos, el pertenecer a la realidad. Como no todo lo concebible es efectivamente real, la ventaja básica de que conviene disfrutar para merecer cualquier otra es la realidad. En sus sugestivos *Ensayos sobre Homero*, Marcel Conche hace notar que el bardo griego utiliza frecuentemente el adjetivo «divino» para denominar cualquier cosa presente y vigente: «divinos brebajes», «divinos ríos», «divina ciudad», «divinos corceles», incluso llama «divino» al monstruo Caribdis, etc. Con ello no pretende indicar ninguna vinculación especial de lo así calificado con los dioses, ni siquiera encomiarlo de modo especial sino tan sólo subrayar que está ahí, al alcance de la mano o de la vista, que forma parte de lo que hay; y que todo lo que hay, en cuanto que está, está *divinamente* o sea que tiene algo de bueno: «Son lo que son: el término "divino" expresa esa identidad. Son todo lo que tienen que ser, bellos porque no necesitan ningún retoque, perfectos porque no se ve que les falte nada.» Y más adelante insiste Conche en esa divina belleza de lo que hay en cuanto que existe: «Todos los seres son hermosos, si se les sabe ver en sí mismos, independientemente de sus acciones. Las palabras hiperbólicas, falsas en su literalidad, descubren la verdad del ser. Detienen la mirada sobre el hecho, en cada ser, de ser simplemente algo sobre lo que la mirada habitualmente nunca se detiene.» Por eso siempre la mirada que en principio admira y celebra es más hon-

da, más *pura* que aquella que comienza por desconfiar y reprochar. Es una lección importante pero que
nos ayuda solamente a preferir en primer lugar, en
todo caso y siempre lo que es real o puede serlo a
los embelecos de lo ilusorio (o a ese «doble» imaginario de lo real justamente denunciado por Clément
Rosset): sin embargo, dado que tan reales y por ello
parcialmente «buenos» son los hospitales como los
campos de concentración, esta generalización del
atributo positivo fundamental nos ayuda poco a la
hora de discernir más ajustadamente. Eso sí, nos
tranquiliza respecto a la posibilidad de que exista,
haya existido o vaya a existir alguna vez el Mal absoluto, al que moderadamente gustan de referirse en
ocasiones festivas los retóricos de la truculencia moral: según dijo alguien tan serio como Tomás de
Aquino, si pudiera darse lo completamente malo, se
destruiría a sí mismo. Vamos, que sería tan malo
que no podría ni ser...

Descartado el énfasis absolutista, quedan lo bueno y lo malo según qué (o quién) y según para qué
(o para quién). Una misma cosa puede ser mala en
relación a unos y buena para otros: la piedra oculta
entre la hierba de la pradera que hace tropezar al
antílope cuando huye del león es mala para el antílope y buena para el león. La velocidad es el valor
principal del antílope, como la fuerza y la astucia lo
serán del león: cada cual tiene sus valores según le
va en la vida... y la vida le va en ellos. Volviendo de
nuevo a Spinoza, todo lo que es pretende seguir
siendo o —para decirlo menos psicológicamente—
persevera en su ser (según el famoso *conatus* spino-

zista), pudiendo considerarse bueno para él cuanto coadyuva en este empeño y malo lo que lo obstaculiza, bloquea o destruye. Claro que la realidad es tan exhaustivamente compleja que muchas cosas desempeñan alternativamente ambos papeles y lo que hoy protege, mañana se convierte en trampa que encierra, o los mismos alimentos que nos nutren aceleran los procesos metabólicos que nos van destruyendo... A cada paso, cualquier existente se debate entre lo valioso de que derivan males colaterales para él y lo que básicamente le perjudica pero puede ofrecerle ocasionalmente algún beneficio; antes o después, como cuanto es resulta ínfimo comparado con las fuerzas que operan en la inmensa palestra que forma el universo, habrá de tropezar con algo tan directamente «malo» —tan incompatible con su forma de ser— que perecerá por su causa. Y de esa destrucción saldrá algo «bueno» para otra entidad no menos contingente...

Para buscar lo que les resulta valioso y evitar en la medida de lo posible los males que les amenazan, los animales cuentan con sus instintos. Así se sobrecargan de rutinas pero se ahorran muchas perplejidades. Por nuestro lado, los humanos intentamos desarrollar un arte de vivir que oriente las constantes elecciones y peligrosamente frecuentes innovaciones de nuestro actuar deliberado. La vida que intentamos conservar y perpetuar no es un mero proceso biológico sino un devenir de símbolos que se entrecruzan en forma de memoria, de comunidad, de códigos, de visiones de futuro, de afán por encontrar el sentido de cada gesto y de cada tropiezo. Vivir entre y mediante los símbolos es intentar permanentemente establecer una *singularidad compartida*. Los juegos simbólicos que nos constituyen —el lenguaje es el primero y más básico de todos ellos— acreditan lo irrepetible y único de la persona que protagoniza cada vida y juntamente el que sólo pueda ser persona con sentido propio para semejantes y entre semejantes. En la virtualidad simbólica, todo lo que es permanece individual y distinto y nada de lo distintamente individualizado puede dejar de compartirse para seguir siendo. En este esfuerzo por compartir lo singular *desde dentro* consiste el proyecto de lo que llamamos ética, con tanta desazón y tantos tibios logros. Cada uno de nuestros valores apunta en esta dirección pero también está sometido permanentemente al juicio de nuestra rectitud ante el desafío de lo inmediato, de la circunstancia concreta. El coraje que soporta la vida es valioso pero puede en ocasiones hacerse brutal; la justicia que administra y sanciona lo que nos corresponde es preciosa, pero puede volverse cruel por momentos; el reconocimiento que nos confirma y exalta es imprescindible pero a veces degenera en usurpada vanagloria; el amor es lo que todos buscamos y lo que a veces nos destruye o nos impulsa a destruir... Quizá sólo la generosidad —que nos permite vivir entre los mortales como descuidados de serlo también— sea buena sin contrapartida ni contraindicación: pero quizá ni eso.

Para todos los demás vivientes existe lo adecuado y lo inadecuado, lo favorable y lo nocivo, lo conveniente y lo inapropiado, lo beneficioso y lo dañino, lo positivo y lo negativo: *on* y *off*. Pero entre humanos preferimos hablar de bueno y malo porque es la intención racional y no las leyes de la naturaleza quien establece el acuerdo entre lo que nos resulta propicio y lo que nos degrada. «Bueno» y «malo» son términos referidos a lo consciente, a aquello por lo que se opta, es decir a ese *libre albedrío* que constituye la forma más íntima y problemática de la libertad por la cual antropológicamente nos definimos. En la busca de lo bueno que constituye nuestro compromiso racional con la vida, no basta con decir que podemos incurrir en errores o insuficiencias, o que a veces las circunstancias conspiran contra nosotros: para que el «libre albedrío» no se quede en un piadoso embeleco, tenemos que dejar abierta y efectiva la posibilidad de lo malo, no como una contrariedad que nos abruma sino como algo preferido, como una opción tenebrosa. Es malo para el sujeto sufrir tropiezos o reveses, equivocarse, padecer la derrota ante fuerzas superiores; pero ¿cómo y por qué puede ser malo el sujeto mismo? ¿en qué consiste no ya lo malo que nos ocurre sino la maldad que deliberadamente ejercemos? ¿se puede ser racionalmente malo tal como se debería ser racionalmente bueno?

Si elegir lo bueno es afirmar y reforzar lo que somos, exaltar nuestra condición en su complejidad y aun buscarle nuevas posibilidades, la opción por lo malo supondrá desmentirnos, disminuirnos y mutilarnos voluntariamente, rebelarnos contra lo que somos y quienes somos. En su ensayo *De la experiencia*, Montaigne asegura que «no hay nada tan hermoso y legítimo como hacer bien y debidamente de hombre, ni ciencia más ardua que la de bien y naturalmente saber vivir esta vida; y de nuestras enfermedades, la más salvaje es menospreciar nuestro ser». Menospreciar nuestra condición, es decir convertirnos en enemigos de nosotros mismos, como reconoció el Ricardo III de Shakespeare que había llegado a ser. Autoenemistad, auto-odio... Así lo expresa Jean-Luc Nancy en una sugestiva reflexión sobre el tema que nos viene ocupando: «La maldad no odia tal o cual singularidad: odia la singularidad en cuanto tal, y la relación singular de las singularidades. Odia la libertad, la igualdad y la fraternidad, odia la partición, odia compartir. Y este odio es el de la libertad misma (es también, pues, el odio de la igualdad y de la fraternidad mismas; la partición se odia y se aboca a la ruina). No es un odio *de sí mismo*, como si la libertad estuviese ya ahí y pudiese llegar a detestarse, y sin embargo es el odio del "sí mismo" singular, lo que es la existencia de la libertad y la libertad de la existencia. *El mal es el odio de la existencia como tal*. [...] *Pero en este sentido, el mal está en el existente como su posibilidad más propia de rechazo de la existencia.*» (*La experiencia de la libertad*. La cursiva es de J.-L. N.)

Esta visión luciferina de la maldad resulta estimulante intelectualmente en el terreno ético, pero también me temo que casi perversamente halagadora. En el imaginario romántico, elegir lo malo no sólo es prueba de la grandeza de la libertad sino casi su elección más prestigiosa... Sin embargo, la pregunta de fondo de la ética es si tal posibilidad de rechazo de la existencia humana realmente existe. Desde Sócrates, son muchos los maestros nada desdeñables que han dado una respuesta negativa. Es curioso: la verdadera objeción contra el libre albedrío no es nuestra impotencia para hacer el bien (como suponen los superficiales), sino nuestra imposibilidad de querer racionalmente el mal. Sobre esta cuestión tendremos que volver en el próximo capítulo... y también me temo que mucho después de haber concluido las elucubraciones de este libro.

Capítulo 5

Tribulaciones del albedrío

> Sea lo que fuere el mal en particular, ha entrado en el mundo por mediación del hombre. La historia comienza con un accidente laboral de la libertad y continúa en la misma línea.
>
> Rüdiger Safranski

El argumento de la novela *El hombre que quería ser culpable*, del escritor danés Henrik Stangerup, se sitúa en una Copenhague del inmediato futuro. Torben es un hombre de mediana edad, casado y con un hijo en edad escolar. A finales de los años sesenta fue inconformista y contestatario, a la incruenta manera de rebelión característica de la Europa del Norte, y tanto su mujer como él se enfrentaron a las pretensiones estatales de controlar paternalistamente la vida y la formación de los ciudadanos. Torben incluso llegó a publicar un par de novelas sobre la angustia existencial del ser humano bajo el capitalismo desarrollado. Pero ahora la pareja se ve ya sometida a una sociedad superprotegida aunque tam-

bién hipercontrolada, en la que los padres deben
conseguir un certificado de aptitud para tener hijos,
el cual les puede ser retirado si su conducta se des-
vía de la pauta considerada «normal». Torben tra-
baja en un departamento estatal dedicado a una
reforma progresiva del idioma para cambiar las de-
nominaciones habituales en un sentido positivo o
negativo que las oriente socialmente como desea el
gobierno: los «impuestos» serán «aportaciones voluntarias» mientras que cualquier mujer dedicada a
su hogar aunque sin un empleo externo será una
«mujer pasiva», etc. En ese nuevo mundo que no
es feliz pero donde procura evitarse cualquier razón
de infelicidad, Torben se aburre prodigiosamente.
Su mujer, en cambio, parece haberse adaptado mejor, por lo que discuten agria y frecuentemente. En
la tarde que inicia el relato, Torben está bebido y sigue emborrachándose, mientras su esposa le recri-
mina su actitud. Finalmente, cuando ya está ebrio
del todo, su mujer llama a los vigilantes, que probablemente al encontrarle en ese estado le quitarán su
licencia de paternidad. Enfurecido, Torben la golpea
y la mata, en presencia de su hijo.

Los vigilantes llegan finalmente y se llevan a Torben a un sanatorio psiquiátrico, donde se le trata
con benevolencia como a un desequilibrado víctima
de las circunstancias. En la nueva sociedad paternalista, el concepto de culpa no existe. Por tanto, no
se toma ninguna medida penal contra él, sólo se le
retira la custodia de su hijo y se le devuelve a un hogar de donde han sido eliminados con celo clínico
todos los vestigios de su vida pasada con su difunta

compañera. Por lo demás, se le recomienda sin más que reanude otra vez su cotidianidad. Pero Torben desea que se le reconozca culpable y se le castigue, única forma de poder considerarse a sí mismo como un ser libre y de que le resulte justificado el apartamiento de su hijo. Todos sus esfuerzos fracasan: cada vez se le tiene más por desequilibrado y menos por culpable, una categoría ya incomprensible. Las circunstancias mandan... Finalmente acude a un periodista que le dejará explicarse pero a fin de presentarle en su programa de televisión como un raro espécimen de inadaptado. Y es precisamente este periodista quien le dice la frase que en cierto modo resume su caso: «Hay veces en que no le queda a uno más remedio que confesarse que existe una cosa llamada conciencia.» Acaba la novela con Torben encerrado definitivamente «por su bien» en un centro psiquiátrico donde se trata con indulgencia y se reduce a la inanidad cualquier conducta desviada de la normalidad establecida: el disimulado manicomio se llama «Parque de la Felicidad».

La novela de Stangerup denuncia de manera vigorosa cierta tendencia contemporánea a descargar a los individuos de sus responsabilidades negativas, cargándolas a cuenta del «sistema social», la influencia de los medios de comunicación, los traumas infantiles o algún tipo de patología de la conducta. Para muchos, resulta preferible padecer una enfermedad que asumir un vicio o la culpa de un mal comportamiento: es mejor ser cleptómano que ladrón, y los ludópatas o sexoadictos son más respetables (incluso más «interesantes») que quienes juegan o fornican abusivamente porque quieren. Para estar seguro de no ser tratado como culpable, se acepta ser considerado irresponsable. Ya se habla, naturalmente, de intervenciones en el genoma que limpiarán preventivamente nuestro código de los genes que llevan a cometer cierto tipo de excesos... Ortega dijo «yo soy yo y mis circunstancias», pero ahora se diría que las circunstancias configuran y se imponen al yo. La sociedad medicalizada y paternalista ofrece convertir en adicción o trastorno inducido cualquier transgresión de las normas vigentes: la higiene y la clínica sustituyen a la ética. La conciencia se descarga de malas elecciones y acaba desapareciendo como tal conciencia. El precio de no pecar es renunciar a ser plenamente sujetos y aceptar la mutilación con anestesia científica de nuestra libertad.

Lo curioso de estos alivios protésicos de la responsabilidad es que funcionan sólo para la culpa, nunca para el *mérito*. Ningún ganador del Premio Nobel o escalador que llega a la cima del Everest diluye el fulgor de su hazaña atribuyéndolo a su circunstancia social o a su afortunada dotación genética: fueron *ellos mismos*, contra viento y marea adversos, quienes estudiaron, se esforzaron, derrotaron a la incomprensión o las dificultades, etc. Somos excelentes gracias a nosotros pero somos malos o deficientes *a pesar* de nosotros. Sin embargo, este *determinismo parcial* (como lo llama Ruwen Ogien, refiriéndose a las teorías que nos consideran libres para hacer el bien, pero condicionados por circunstancias invencibles cuando actuamos mal) no es ni mucho menos un invento del proteccionismo estatal moderno. Muy al contrario, goza de los precedentes filosóficos más ilustres y se remonta nada menos que al mismísimo Sócrates. Sin duda constituye uno de los problemas más fascinantes que presenta nuestra condición como seres prácticos, es decir, capaces de elegir libremente.

Tanto el testimonio de Jenofonte en sus *Memorabilia* como el de Platón en varios diálogos *(Menón, Gorgias, Protágoras...)* coinciden en señalar que para Sócrates la virtud —es decir, la disposición a obrar bien— depende del conocimiento o incluso resulta ser una forma de conocimiento. Obrar bien es la consecuencia directa de saber en qué consiste lo bueno: quien conoce lo bueno, lo preferirá y actuará como corresponde. El que obra mal no lo hace porque desee el mal directamente, sino porque cree que así consigue algo bueno para él: lo malo de su comportamiento se le oculta, como está oculto el veneno en el vaso de agua fresca que bebe el sediento sin ánimo de suicidarse. Según esta doctrina —si la interpretamos correctamente— el sujeto humano, cuando conoce lo bueno, *siempre* lo prefiere a lo malo: «Nadie hace el mal a sabiendas, lo mismo que nadie es feliz contra su voluntad.» La esencia de la maldad no reside más que en la ignorancia moral. Cuando elegimos con plenitud de conocimiento, elegimos lo bueno porque es lo que conviene a nuestra naturaleza; el mal lo hacemos a ciegas, engañados, involuntariamente. «Determinismo parcial», dice Ruwen Ogien, porque hacemos el bien queriendo y el mal obnubilados por las circunstancias; o determinismo total, podría decir otro, porque lo bueno no tenemos más remedio que quererlo y lo malo no tenemos más remedio que hacerlo sin querer... En los diálogos más tardíos, Platón va matizando esta perspectiva, introduciendo elementos pasionales que pueden desviar al agente de elegir lo bueno pero sin dejar completamente de reconocerlo como bueno. Y después Aristóteles hablará largamente de la *akrasia*, la debilidad de la voluntad que lleva al sujeto a preferir efectivamente lo malo aun conociendo que hay una opción mejor que a pesar de serlo deja de lado. Tal es nuestro enredo.

Los dos ejemplos canónicos de *akrasia* que se vienen repitiendo desde que R. M. Hare los propuso en *Freedom and Reason* (1963) son el de la Medea de Ovidio y el de san Pablo. En las *Metamorfosis*, el poeta latino pone en boca de la legendaria hechicera este verso memorable: *video meliora proboque, deteriora sequor* (veo lo que es mejor y lo apruebo, pero voy en pos de lo peor). Probablemente se condensa y traduce así brillantemente un pensamiento semejante de la *Medea* de Eurípides. Por su parte san Pablo, en su *Epístola a los romanos*, les hace partícipes de que el bien no habita en él, es decir, en su carne, porque «querer el bien está a mi alcance pero no cumplirlo, ya que no hago el bien que quisiera y cometo el mal que no querría». Podríamos añadir como tercer ejemplo la fábula del escorpión y la rana que cuenta Orson Welles en *Mister Arkadin*. Un escorpión le pide a una rana que le pase en su lomo al otro lado del río; la rana al principio se niega, por miedo a su picadura mortal, pero el escorpión la convence con un argumento lógico: «Si te picase, al morir tú moriría yo también ahogado.» A medio camino, donde el agua es más profunda, el alacrán le clava su aguijón venenoso al pobre batracio. Moribunda, la rana inquiere el motivo de este comportamiento absurdo: «¡Ahora tú también morirás!» Y el escorpión suspira, resignado: «No hay remedio, así es mi carácter...»

En los tres casos, el sujeto discierne (o asegura discernir) con nitidez lo bueno de lo malo y sin embargo elige actuar mal, al parecer en contra de lo que él mismo declara preferible. El *akrates* no se enorgullece de esta flaqueza, al contrario, se diría que obra voluntariamente pero *a pesar* de su voluntad: quisiera ser socrático y descubre con cierta confusión que le es imposible... Aristóteles distingue por eso al *akrates* del *akolastos*, el desenfrenado cuyas reiteradas perversiones le han llevado a convencerse de que obra bien cuando hace lo peor. Según el maestro de Estagira, nadie es *akrates* en plena posesión de sus facultades: siempre influye algún tipo de obnubilación, como la embriaguez, la cólera, el miedo o la concupiscencia... Recordemos la situación de Torben cuando asesina a su mujer en la novela de Stangerup. Por su parte Platón prefiere explicar este comportamiento paradójico recurriendo a los tres tipos de alma que según él se dan en el hombre: la calculadora o racional, la impulsiva y la apetitiva o concupiscente. El sujeto puede dejarse arrebatar por una de estas dos últimas para actuar mal a pesar de lo que sabe su razón, lo mismo que una ciudad compuesta mayoritariamente por perso-

nas honestas puede verse accidentalmente goberna-
da por un tirano belicoso y lúbrico. Esta doctrina
platónica no deja de tener paralelismos con los planteamientos tópicos de Freud, también proclive a ter-
nas psicológicas: lo inconsciente, lo preconsciente y
lo consciente o el Superego, el Ego y el Id, en las
cuales la instancia que conoce y tiene mejor sentido
de la realidad suele verse tiranizada por pulsiones
poderosas y oscuras, desentendidas de los requisitos
de una moralidad socialmente aceptable.

Lo indudable es que no parece bastar el conocimiento de lo bueno para actuar bien automáticamente. En primer lugar, desde luego, por culpa precisamente de que muchas veces se diría que hay
cierto conflicto *prima facie* entre lo que es bueno
para mí y lo bueno para los otros. Macbeth asesina
a Duncan porque quiere la corona de Escocia, que
imagina como un bien para él; lo malo de su acción,
el asesinato, es malo para Duncan, una especie de
daño colateral del bien que espera. Tendrá tiempo, a
lo largo de la tragedia, para darse cuenta de que no
había considerado adecuadamente las cosas. Otro
factor que interviene es el tiempo, cuya importancia
en la motivación de la acción ya vimos antes. Algo
bueno a corto plazo, inmediato, cobra más peso que
bienes o males remotos en el futuro: el deleite del ci-
garrillo presente se impone sobre el miedo al cáncer
de pulmón o incluso al deseo global de una vida más
saludable. También cuenta la urgencia pasional del
momento: un humorista donostiarra hoy ya olvidado, Álvaro de la Iglesia, escribió una vez que la cas-
tidad debería estar protegida por una de esas lunas

de cristal que guardan los extintores en locales públicos y en las que puede leerse «rómpase en caso de incendio». Pero ¿son realmente invencibles este tipo de arrebatos? Kant suponía que no y ofrecía el ejemplo del adúltero que, al ir a entrar en el lecho para consumar su pecado movido por un deseo supuestamente incontrolable, ve por la ventana del dormitorio que en el patio están alzando el patíbulo en el que acto seguido será ejecutado. El moralista opina que esta circunstancia contribuirá decisivamente a apagar sus ardores y en tal caso parece obligado darle la razón...

En el fondo del problema se agazapa una cuestión esencial, que, si no me equivoco, hace radicalmente distinta nuestra forma de querer de las apetencias de nuestros parientes zoológicos más próximos: nosotros no sólo deseamos, sino que también *deseamos desear* ciertas cosas y no otras. Tal desdoblamiento se debe sin duda a que, como indicamos en el capítulo anterior, junto a nuestra vida biológica —e imbricada en ella— vivimos también una existencia simbólica con sus propias exigencias y cautelas. Sobre esta cuestión del «querer querer» ha reflexionado sugestivamente Harry Frankfurt y muchos más después en pos de él. El ser humano es evaluador permanente, pero no sólo evalúa lo deseable a partir de sus deseos sino que también valora sus deseos mismos, su pertinencia o bajeza. Hay cosas que deseamos y a la vez las consideramos indeseables (desde un punto de vista más amplio o más generoso), hay cosas que no deseamos pero desearíamos desearlas (porque las consideramos nobles y creemos que nos convertirían en personas mejores), hay cosas que nos empeñamos en desear (o somos educados para desear) y terminamos deseando de veras, etc. Nuestro querer a veces es capricho y a veces busca de la excelencia, a veces es apetito y otras conciencia ciudadana o afán de santidad.

Esta baraja de los deseos, a pesar de que cada naipe tiene impreso su valor en términos absolutos o abstractos, se mezcla con facilidad y varía en términos relativos según a lo que estemos jugando en cada ocasión (lo mismo que el as puede ser en ciertas partidas el triunfo máximo y en otros juegos sólo valer un punto, es decir menos que cualquier otra carta). Con frecuencia, cortamos y barajamos nuestros deseos para querer con buena conciencia lo que no desearíamos explícitamente desear: «No se puede desear la pobreza para los demás sin sentirse moralmente despreciable, pero se pueden desear impuestos más bajos. No se puede desear la prolongación de la hambruna africana sin odiarse a uno mismo; pero uno se puede regocijar con la caída de los precios de las materias primas» (Zygmunt Bauman en *Libertad*). El *akrates* se deja llevar por la carta más prometedora que aparece en el momento sobre la mesa de juego, aunque sabe que existen triunfos más altos y no renuncia del todo a bazas futuras de mayor enjundia. En ocasiones se ordena a sí mismo desear lo que conoce como mejor y fracasa en el intento, sufriendo el desconcierto bien descrito por san Agustín: «¿Qué es esta monstruosidad? ¿Por qué ocurre? La mente manda al cuerpo y es obedecida instantáneamente; la mente se manda a sí misma y encuentra resistencia y rechazo» *(Confesiones)*.

Sin embargo, no todo depende de las deficiencias y traiciones de la voluntad. También hay que computar los fallos de la propia razón. Si podemos decir con verdad que en muchos casos actuamos racionalmente, es inevitable aceptar que lo irracional existe también como una de nuestras posibilidades. Como enseña Ruwen Ogien, «juzgamos *irracional* al que mantiene su adhesión a creencias contradictorias, aun sabiendo que lo son, o al que niega evidencias que le es imposible ignorar» *(La faiblesse de la volonté)*. Pero no sólo hay sujetos habitualmente poco racionales, sino que cada uno de nosotros puede comportarse como ellos en determinadas ocasiones a la hora de obrar bajo presiones inhabituales. Demasiadas veces tenemos como modelo a aquel borracho que, en plena noche, buscaba la llave de su casa por el suelo junto a la farola, no porque se le hubiera caído precisamente allí sino porque en ese punto había más luz... Cualquiera puede quedar eventualmente *hechizado* por una razón que tendría peso en otras circunstancias pero es inoperante en el caso que nos urge. Se da con frecuencia una especie de *imbecilidad inteligente*, racionalmente argumentada aunque no atiende a críticas razonables, con la que hay que contar siempre al intentar dar cuenta de bancarrotas, guerras y otros desastres. Christian Morel, en *Las decisiones absurdas*, intenta trazar la sociología y la epistemología de los errores radicales y persistentes: pilotos y copilotos que deciden apagar el único motor que aún funciona en un avión para salvarlo o aquellos otros que, perdiendo rápidamente combustible y con la pista salvadora a la vista, optan por dar una vueltecita sobre el aeropuerto para serenar al pasaje... petroleros que cambian de ruta en alta mar hasta chocar uno con otro por cumplir puntillosamente un reglamento improcedente... conferenciantes que proyectan en sus exposiciones transparencias ilegibles convencidos de que así ayudan al público... empresas que realizan encuestas internas de opinión con muestras sin valor y se rigen por sus resultados, etc. Una de las conclusiones más interesantes del estudio de Morel es que las decisiones absurdas son casi siempre *colectivas*, un trabajo de equipo: sometidos a las relaciones de grupo, los individuos se avienen a disparates que repudiarían si pensaran por sí solos.

Una de las fuentes más comunes de decisiones perversamente equivocadas es la señalada por Paul Watzlawick en *Lo malo de lo bueno*: cuando una solución ha funcionado satisfactoriamente a pequeña escala, creer que aplicarla en dosis descomunales resolverá para siempre el problema. Es decir, como veo que tomarme un trago de ginebra antes de dar una conferencia me desinhibe y suelta la lengua, decido tomarme la botella entera para alcanzar plena elocuencia. Mi predilecto es el caso de aquellos ingenieros que, para proteger los enormes cohetes espaciales de las inclemencias meteorológicas, decidieron fabricar un cobertizo sobre ellos como si se tratara de automóviles o bicicletas: el hangar que prepararon al efecto tenía proporciones colosales

—de hecho era el mayor espacio cubierto artificial del mundo— hasta el punto de que dentro de él se produjo un microclima con lluvias, borrascas, rayos, etc... ¡Lo que pretendían evitar! Otras veces es la complejidad de factores que deben sopesarse al tomar una decisión la que acaba por corromper el juicio práctico: durante la segunda guerra mundial, la Cruz Roja tenía acceso a campos nazis de prisioneros en el este de Europa, situados cerca de Auschwitz o Treblinka y por tanto se dieron cuenta del exterminio de judíos que allí se practicaba, pero silenciaron ese horror para evitar que les prohibieran sus visitas a los prisioneros de guerra o incluso para no atraer la venganza nazi contra Suiza, sede de la organización benéfica. Es difícil juzgar rectamente cuando todo se tuerce y enmaraña en el ámbito inmediato de la acción.

El libre albedrío (la facultad de elegir e inventar acciones, de querer o no querer) siempre ha sido una noción cuestionada, más o menos desde que san Agustín la patentó. Unos la mitifican hasta hacerla intelectualmente indigerible, otros se niegan a reconocerla mientras la practican o la rechazan confundiéndola con la omnipotencia (llevando a su paródica demasía el viejo dicho de «querer es poder»). Ahora está de moda que de vez en cuando un neurofisiólogo se asome al córtex cerebral, descubra alguna interesante sinapsis entre neuronas y después, ya duchado tras quitarse la bata del laboratorio y tomando una copa con algunos amigos «de letras», comente que sus descubrimientos acabarán antes o después con el libre albedrío, aunque conceda que éste seguirá siendo probablemente una «ilusión necesaria». En efecto, una ilusión tan necesaria como lo sigue siendo el arte de Velázquez después del análisis químico de los pigmentos que emplea en sus cuadros y de la aplicación de rayos X al estudio de sus telas...

El concepto filosófico más serio que se opone o relativiza la libertad humana es el *destino*. Cuando el ser humano mira hacia delante, al futuro, considerando sus diversas posibilidades y planeando su elección, cree en la libertad; pero cuando mira hacia atrás y contempla su vida no ya como una tarea sino como un resultado, entonces le parece que todo ha ocurrido de una manera fatal, cumpliendo un diseño preconcebido y necesario. Tal es el destino, lo no elegido que elige por nosotros... a través mismo de nuestras aparentes elecciones. Aunque no creamos en el concepto máximo de destino, según el cual todos los acontecimientos están predestinados (como supusieron entre otros los estoicos), parece inevitable creer al menos en un destino restringido pero inexorable: la muerte. Como dice Marcel Conche en su apasionante *Tiempo y destino*, siguiendo a su modo la traza de Heidegger: «el no ser es el destino de todo ser particular». La muerte es «destino» en el sentido de que no la elegimos y que siempre elegimos contra ella pero sin lograr evitarla; de modo semejante, el destino trágico que correspondía a Edipo era matar a su padre y desposarse con su madre, lo que finalmente llegó a cumplirse a pesar de que la intención de sus acciones era muy otra. Como parte de nuestro destino mortal tampoco elegimos pero debemos arrostrar el tiempo que nos lleva al temido desenlace. «No voy a morir voluntaria ni libremente, porque si pudiese elegir no es eso lo que elegiría. Pero tampoco es libremente como paso de un instante a otro y me aproximo así, inexorablemente, al instante de la muerte» (*Tiempo y destino*). El tiempo y la muerte forman nuestro destino, lo no elegido que enmarca nuestras elecciones y finalmente las cancela: ese destino no hay modo de negarlo, ni libre albedrío que prevalezca contra él. Nietzsche predicó el *amor fati*, el amor a lo irremediable. Sinceramente, no veo cómo se puede «amar» al *fatum* sin que tal sentimiento resulte retórico o envilecido por la resignación; pero en cambio creo que es nuestro destino mortal lo que sustenta todos nuestros amores efectivos, dirigidos a criaturas por cuya suerte perecedera nos desvelamos y enternecemos... pues somos libres de compartir con ellas el destino, no de evitarlo.

Algunos han creído ver en el suicidio, el apresuramiento voluntario de la muerte, la demostración máxima de la libertad humana. «Quitarse la vida», «darse muerte»: tales serían las empresas de rebeldía suprema contra el destino de nuestra condición. Yo no lo veo así: son acciones libres, sin duda, pero sometidas a nuestro destino como cualquier otras. Sea considerado un gesto valeroso, como muchos lo reputan, o una cobardía como piensan otros, lo cierto es que el suicidio acata «nerviosamente» lo que no tiene remedio. La derrota del destino vendría de las acciones inversas, si nuestra libertad llegase a tanto: *darse la vida*, *quitarse la muerte*. Conquistar la vida sin tiempo, desembarazarnos voluntaria y voluntariosamente de la muerte... Pero ese bocado resulta demasiado grande incluso para el apetito insaciable de nuestra ambición de querer. Como nos recuerda Aristóteles, nadie puede *deliberar* ser inmortal. Frente a nuestro único destino ineluctable sólo podemos valernos de unas cuantas prótesis: las perecederas aunque por ello mismo valerosas instituciones de la libertad.

Capítulo 6

Las instituciones de la libertad

> La libertad nació como un privilegio y así ha permanecido desde entonces. La libertad divide y separa. Separa a los mejores del resto. Obtiene su atractivo a partir de la diferencia: su presencia o ausencia refleja, marca y cimenta el contraste entre lo alto y lo bajo, lo bueno y lo malo, lo codiciado y lo repugnante.
>
> Zygmunt Bauman

El poeta Pierre Réverdy dijo que «no hay amor, sino pruebas de amor». Parafraseándole podríamos afirmar que «no hay libertad sino *pruebas* de libertad». La primera prueba es nuestro propio testimonio personal, el de nuestra conciencia que se sabe capaz de elegir y de rechazar, de inventar a veces... aunque en muchas ocasiones no logre precisar satisfactoriamente los motivos que determinan elecciones, rechazos o incluso invenciones. Sabemos suficientemente que somos libres, pero no conocemos del todo los meandros por los que transcurre nuestra libertad y los incentivos que la mueven. La segunda prueba, la más copiosa, la constituyen nuestras obras: la libertad humana *deja rastro* en el mundo. Por atenernos a una básica distinción aristotélica, la acción no sólo es opción y decisión sino que también puede ser creación: no sólo es la práctica que dirige nuestra vida sino también la «poética» que produce cosas y transforma la realidad. Si miramos a nuestro alrededor vemos por todas partes los resultados eficaces del ejercicio de la libertad, superpuestos e impuestos al devenir de los acontecimientos naturales. El paisaje de nuestra libertad actual y futura está configurado a partir de las obras de la libertad ya ejercida...

Y ello se debe a un aspecto esencial de nuestra condición, sobre el que los teóricos de la libertad ética y política (¡por no hablar de quienes se refieren a la libertad económica!) rara vez hacemos hincapié: la *vulnerabilidad* humana. En este importante aspecto es una excepción, aunque no demasiado convincente en cuanto a las consecuencias que saca de él, Alasdair MacIntyre cuando insiste en que somos animales «racionales» pero también «dependientes». El empeño de nuestra libertad no consiste en la mayoría de los casos en utilizar gozosa y lúdicamente nuestro superávit de fuerza (como a veces parece dar a entender Nietzsche), sino en intentar remediar nuestras carencias y paliar por medio del auxilio mutuo debilidades constitutivas, por tanto recurrentes. A lo largo de la vida, desde la infancia desvalida a la vejez inválida pasando por mil contratiempos que nos abruman, somos más propensos a la menesterosidad que a la sobreabundancia. En tales padecimientos carecemos en gran medida del apoyo automático de los instintos, sobre todo del más despiadadamente eficaz en estos casos: el sacrificio inmediato o el abandono de los débiles cuando tardan más de lo debido en curarse. Hemos desarrollado una memoria simbólica que dificulta la soltura para desentendernos de los demás. De modo que sólo contamos para valernos en las constantes adversidades con nuestra disposición activa socializada, puesta en común. Ser racionalmente activo es procurar independizarse de los vaivenes de la naturaleza (que no está hecha para satisfacernos) reforzando nuestra dependencia de los vínculos sociales (que sí están inventados a nuestro favor). Vivir en sociedad es vivir en un medio artificial, es decir, un medio en el que el hombre *importa*... a diferencia del medio natural, en el que contamos tan poco que ni siquiera necesita sernos hostil para destruirnos como de paso.

Lo primero que la razón identifica son los *peligros*: y ante ellos reacciona, inventa y alza previsiones. La primera y fundamental obra maestra de la libertad humana es la norma social, la pauta de nuestra colaboración y nuestro contrato de protección mutua asegurada. Todo lo demás viene por añadidura. Hoy, quienes crecemos y vivimos en sociedades organizadas las padecemos ya como otra forma de naturaleza y nos quejamos de las cortapisas que nos imponen, así como de la soledad y del desamparo «naturales» que sentimos en ellas, a pesar de sus promesas acogedoras. Se trata de un caso insigne de «lo malo de lo bueno» que comentamos en el capítulo anterior: ¿recuerdan el gigantesco hangar que debía proteger a los cohetes espaciales de las inclemencias meteorológicas y terminó reproduciéndolas de nuevo? Sin embargo, estas frustraciones pueden ser denunciadas y una y otra vez corregidas, porque dependen de nuestra práctica y no de mecanismos espontáneos indiferentes a nuestros deseos como las amenazas naturales. Con la sociedad podemos hacer siempre algo pero la naturaleza sigue su curso. Por eso Spinoza nos dejó dicho que el hombre siempre es más libre en la ciudad de los hombres, pese a las leyes injustas y el oprobio de los tiranos que se nos asemejan, que en la soledad del bosque o de la selva.

Obra de nuestra libertad de seres dependientes y vulnerables, la asociación basada en leyes y costumbres trata de configurar un ámbito en el que podamos desarrollar elecciones que no siempre sean a vida o muerte. Un ámbito en el que el tiempo esté considerado de acuerdo con la pequeña medida de nuestro ciclo vital y no según las abrumadoras magnitudes de los ciclos cósmicos. Siendo sociables vivimos de acuerdo con el recuerdo de lo amado y perdido, así como en la previsión que nos permitirá todavía por un poco conservar lo que ahora amamos... minucias que nada cuentan para el transcurso inacabable de los eones que nadie puede satisfactoriamente computar (la invención social de un Dios contradictoriamente eterno y personal intenta localizar imaginariamente ese cómputo imposible). La sociedad es nuestra prótesis básica para luchar desde la libertad contra el destino...

Cada una de las instituciones que prácticamente acuñamos (leyes, costumbres, técnicas, etc...) intentan proporcionarnos un punto de partida y un apoyo que *potencie* nuestra libertad de acción, suavizando las elecciones irremediables entre vida o muerte a las que nuestra condición sumamente vulnerable de seres naturales nos constriñe para así permitirnos otras más enriquecedoras. Si cada mañana tuviésemos que inventarlo de nuevo todo para sobrevivir, el esfuerzo de nuestra libertad jamás habría podido despegarse de los dictados más inmediatos de la necesidad. Los estímulos incesantes del incontrolable universo, sus riesgos y amenazas, nos impondrían un pugilato que dejaría extenuadas nuestras fuerzas creadoras; esas mismas energías que —socialmente resguardadas por las instituciones— han aprendido luego a dedicarse a menos urgentes deleites y exploraciones. Quizá sea Arnold Gehlen el pensador contemporáneo que mejor ha sabido insistir en la importancia de las instituciones humanas —a cuyo conjunto llamamos «cultura»— en el desarrollo y liberación de nuestra personalidad racional. La visión ingenua supone que seríamos más auténticos y originales si no tuviésemos ningún molde cultural para orientar y prefigurar la mayor parte de nuestras opciones cotidianas. Pero esas restricciones nos descargan de dilemas agobiantes y nos permiten concentrar nuestra inventiva en aquel campo donde podemos ser más fecundamente libres. Para decirlo con las palabras de Gehlen, «si bien las instituciones nos simplifican en cierto modo —acuñando y tipificando, no sólo nuestra conducta, sino también nuestro pensamiento y nuestra sensibilidad—, nos permiten reservar energías para ser una individualidad original en su medio, o sea para actuar aportando mucho, con inventiva, con provecho. Quien quiera ser una personalidad no sólo dentro de su medio, sino en todos los medios, sólo está destinado a fracasar» *(Antropología filosófica)*. Así puede explicarse el apego a rutinas e incluso el conservadurismo en la cotidianidad de grandes artistas o pensadores que revolucionaron los campos específicos en que ejercieron sus mejores dotes. Por supuesto, también las instituciones demasiado rígidas y autoritarias pueden frustrar la vocación innovadora del individuo: es constante y frecuentemente angustioso el antagonismo polémico entre las elecciones colectivas cristalizadas institucionalmente y la libertad creadora de ciertas personalidades excepcionales.

La cultura no sólo es el producto de nuestra disposición inteligentemente activa sino que también ha favorecido el aumento de nuestra capacidad cerebral para elegir e inventar. Como han destacado Edgar Morin o Clifford Geertz, somos en gran medida el principal fruto de nuestras propias obras. Los seres humanos actuales no somos el simple resultado de la evolución biológica sino la obra de arte creada por la capacidad práctica de nuestros antepasados. El despliegue de la humanidad es nuestra principal tarea y nuestro mejor artificio. La libertad no sólo nos define sino que también ha contribuido decisivamente a configurarnos como especie. El instrumento esencial de tal transformación es el *len-*

guaje, la institución humana por excelencia y de importancia incomparable con ninguna otra, de la que depende la dimensión simbólica que se superpone y en gran medida condiciona nuestra existencia biológica. La mayor parte de las acciones humanas son acciones comunicativas: incluso el propio pensamiento, deudor ya necesario del lenguaje, es siempre comunicación interiorizada. Como vivimos hablando con los demás o con nosotros mismos en una lengua que no hemos inventado sino que recibimos, hasta lo más íntimo de nuestra subjetividad es irrevocablemente *social*. Y por supuesto la realidad objetivada en forma comprensible del mundo responde también a pautas comunicativas, algo sobre lo que ha insistido prolijamente Jürgen Habermas: «La objetividad del mundo, esta objetividad que suponemos en el habla y en la acción, está tan fuertemente imbricada con la intersubjetividad del entendimiento sobre algo en el mundo que no podemos burlar ni ir más allá de ese nexo, es decir, no podemos escapar del horizonte de nuestro mundo de la vida intersubjetivamente compartido, un horizonte que se nos abre a través del lenguaje» *(Acción comunicativa y razón sin trascendencia)*. El lenguaje es la escala de Jacob por la que ascendemos pero también el ángel necesario con el que debemos combatir peldaño tras peldaño...

Tras el lenguaje, la otra institución decisiva de la libertad merced a la cual amparamos nuestra vulnerabilidad y ampliamos nuestra capacidad de elegir es la *técnica*. Algunos zoólogos se empeñan voluntariosamente en señalar que también otros

animales son capaces de incidentales hallazgos técnicos e incluso de su eventual transmisión a sus
semejantes: como en el caso de los logros «concep-
tuales» de algunos simios y el funcionamiento «social» de otras especies, son precisamente estas se-
mejanzas las que subrayan con mayor nitidez y
relevancia lo peculiarmente único del «caso humano». Porque la incesante búsqueda técnica es sin lugar a dudas nuestra forma de vida, no un auxilio
ocasional para lograr tal o cual objetivo deseable.
No deja de ser sorprendente por eso la reiteración
con que aún se nos impone a cada paso la aburri-
da monserga sobre los efectos «deshumanizadores»
de la técnica, que ya se propaló cuando se inventa-
ron el ferrocarril o el teléfono y ahora sigue haciendo prosélitos entre los más tontos de la clase
frente al escándalo del microondas, Internet o la
energía nuclear. Desde luego, hay logros técnicos
puntuales que pueden resultar peligrosos o indesea-
blemente destructivos, pero en sí misma la técnica
es nuestra empresa más definitoriamente humana.
Los voluntariosos «buenos salvajes» que renuncian
a los adelantos de última hora y se atienen al fogón
de leña y a la agricultura sin pesticidas no prescinden de la técnica, sino que intentan arreglárselas
con fases anteriores de ella... que fueron en su día
miradas probablemente con tanto recelo como la
tecnología punta de hoy. Si de veras un ser humano pudiese salirse completamente del empeño técnico no volvería por fin al seno armonioso de la naturaleza sino que traicionaría a la suya, como un
castor que se negase a construir presas en los ríos

o una abeja que se declarase en huelga de panales caídos: sería el colmo de lo antinatural...

Y es que la técnica no sólo se recomienda por su utilidad (consiste en elecciones prácticas *objetivadas* y *dinamizadas* autónomamente), sino que ante todo configura la relación polémica específicamente humana entre «libertad» y «destino». El acelerado camino de la técnica, lleno de sobresaltos, sustituye a la vía evolutiva mucho más pausada que siguen las demás especies animales pero con notables ventajas. Lo ha explicado muy elocuentemente Michel Serres en su contribución al volumen colectivo *Qu'est-ce que l'humain?*, titulada precisamente «*Le temps humain: de l'évolution créatrice au créateur d'évolution*». Resumiendo mucho su argumentación: la evolución biológica favorece el desarrollo de instrumentos especializados en los animales (garras, tentáculos, aletas natatorias o alas, pelajes abrigados, etc...) con indudable provecho para cada especie pero con dos serios inconvenientes para los individuos: primero y principal, exige plazos larguísimos de tiempo y por tanto el sacrificio de millones de vidas en los estadios intermedios del devenir evolutivo; segundo, una vez conseguida la herramienta eficaz, la fija corporalmente de modo definitivo y por tanto hace imposible dejarla de lado cuando no resulta útil —o se vuelve contraindicada— por algún cambio en las circunstancias ambientales. El progreso técnico, en cambio, abrevia prodigiosamente el tiempo en que se consiguen los beneficios, pues sus conquistas son rentables casi inmediatamente y en todo caso en pocas generaciones, resguardando más vidas individuales de las que compromete; además, los resultados de esta suerte de «exodarwinismo» son portátiles y aplazables a voluntad, de modo que pueden emplearse cuando sea conveniente y guardarse para mejor ocasión cuando se hagan innecesarios (comparemos por ejemplo lo que significan una cola prensil y un hacha de sílex para sus respectivos usuarios...). La técnica ofrece rápida eficacia y permanente disponibilidad. Como dice Serres: «¿qué es la técnica? Una economía formidable de la muerte y del tiempo». Es decir, un conjunto de prótesis libremente elegidas e inventadas para resistirse al menos parcialmente a nuestro destino.

Junto a los avances técnicos que aumentan nuestra capacidad de acción en cualquier terreno y circunstancia, hemos desarrollado también otro tipo de herramientas simbólicas que nos permiten no ya manipular mejor sino comprender y aceptar los datos irremediables de nuestra condición biológica. Por medio de ellas nos hacemos intelectualmente compatibles —¿resignadamente?— con los aspectos de nuestro destino en último término imposibles de modificar a nuestro favor. Así lo explica Edgar Morin: «¿Cómo no se ve que lo que es más biológico —el nacimiento, el sexo, la muerte— es al mismo tiempo lo que más embebido está de símbolos y cultura? Nacer, morir, casarse son también actos fundamentalmente religiosos y cívicos. Nuestras actividades biológicas más elementales, comer, beber, dormir, defecar, aparearse están estrechamente unidas a normas, prohibiciones, valores, símbolos, mitos, ritos, prescripciones, tabúes, es decir a lo que hay de más específicamente cultural» *(La humanidad de la humanidad)*. Este arsenal de artefactos mentales, discursivos y sociales facilitan íntimamente nuestra *compatibilidad* de seres que inventan y eligen con aquello que espontáneamente nos constituye y que no podemos optativamente rechazar: el cuerpo con su destino de tiempo y muerte.

El sentido más clásico de la palabra «libertad» proviene del campo político, no de la ética ni de la filosofía o psicología de la acción. Y también es precisamente en cuestiones políticas en lo que piensa hoy la mayoría cuando oye hablar de libertad o libertades. De hecho, podríamos decir que la política trata en esencia de cómo organizar y distribuir la libertad en la sociedad humana (véase algo más sobre este punto en el capítulo tercero de la segunda parte de este libro). En tal contexto, la libertad no se refiere a lo que *queremos* hacer sino a lo que *podemos* hacer; no trata de los motivos ni de las obnubilaciones del albedrío, sino de las relaciones de fuerza entre semejantes, es decir, de jerarquía, sojuzgamiento, igualdad y emancipación. El cuento empieza así: en el comienzo fue la esclavitud. Para los griegos —antes de ser algo positivo— la libertad consistía en la negación de la esclavitud, cuya amenaza se cernía permanentemente sobre individuos y ciudades como resultado de las guerras. Incluso parece razonable apuntar que en el origen la esclavitud preocupaba más a las mujeres que a los hombres, porque los varones triunfaban o morían en el combate pero las mujeres la padecían casi siempre en caso de derrota. La esclavitud es el problema de

Andrómaca mientras que el de Héctor se llama Aquiles o la muerte. Como bastantes otras, la reivindicación de la libertad fue femenina antes de hacerse globalmente humana.

En aquella Grecia que todavía nos inspira, era «libre» quien no tenía que obedecer a un amo, ni estaba obligado a trabajar para otro o permanecer fijo en un lugar a disposición de otro: el que podía ir y venir, hacer o no hacer. «De acuerdo con la etimología griega —dice Hannah Arendt— esto es, de acuerdo con la auto-interpretación griega, la raíz de la palabra libertad, *eleutheria*, es *eleuthein hopos ero*, ir a dónde deseo, y no hay duda de que la libertad básica era entendida como libertad de movimiento. Una persona era libre cuando podía moverse como deseaba; el criterio era el yo puedo y no el yo quiero» *(The Life of the Mind)*.

Pero la cuestión básica estribaba en la contraposición entre el que podía y el que no podía, el esclavo y el libre, el que padecía la imposición y el que disfrutaba del privilegio. Para que alguien fuese libre, otros tenían que ser esclavos, se tratase de la relación entre ciudades o de las pautas de ciudadanía dentro de la *polis*. Este condicionamiento primigenio se perpetúa en el concepto de libertad política a lo largo de los siglos, si atendemos a la opinión de Zygmunt Bauman: «Para que *uno* sea libre debe haber al menos *dos*. La libertad significa una relación social, una asimetría de condiciones sociales; esencialmente implica una diferencia social, supone e implica la presencia de la división social. Algunas personas pueden ser libres sólo en la medida en que haya una forma de dependencia que puedan aspirar a evadir» *(Libertad)*. El devenir del desarrollo político —como transformación ideológica y como revolución en la estructura de poder— ha consistido históricamente en la lucha por la ampliación del número de sujetos titulares de la libertad: abolición de la esclavitud, supresión de la división genealógica entre nacidos para mandar y nacidos para obedecer, derecho para todos a poder elegir o revocar a los gobernantes, igualdad ante la ley sin discriminación por sexo o religión, igual derecho a la libertad de expresión de las ideas o a la formación de agrupaciones políticas y laborales, etc.

Sin embargo, también hoy siguen existiendo las discriminaciones entre los auténticamente libres y quienes en cuestiones esenciales permanecen objetivamente sojuzgados. No goza de la misma libertad el ciudadano de la potencia dominante que el nacido en un país del Tercer Mundo o el inmigrante que llega privado de bienes y garantías a una nación desarrollada. No son igualmente libres quienes controlan el precio de las materias primas en los mercados internacionales y quienes deben resignarse a ver devaluadas irremisiblemente sus únicas fuentes de riqueza. Los medievales hablaron con razón de dos tipos de libertad política: la *libertas a coacione*, que nos emancipa de la tiranía que impide participar igualitariamente en la gestión de la cosa pública, y la *libertas a miseria*, que salva de las imposiciones infligidas por la falta de recursos en el mundo del «tanto tienes, tanto vales». En demasiadas ocasiones, es la miseria (económica o cultural) la que condiciona inevitablemente la sumisión de muchos a tiranías «democráticas» impuestas por los *beati possidentes*. Hoy en día, probablemente las mayores diferencias entre los libres de hecho y los libres sólo de nombre las establece el acceso a la información: para ser libre es preciso «saber» más que quienes no lo son y controlar los medios de «comunicación» para difundir tanto el conocimiento como las falsificaciones interesadas que ocupan a menudo su lugar...

Según el desolador pero no infundado dictamen de Bauman, «la efectividad de la libertad demanda que algunas personas no sean libres. Ser libre significa tener el permiso y la capacidad de mantener a otras personas como no libres». Así ha ocurrido en los regímenes coloniales del siglo XIX, en los totalitarismos fascistas y comunistas durante el XX (algunos de estos últimos aún perduran en nuestra época), pero también bajo el sistema multinacional del capitalismo globalizado, en el que la libertad de elección vital se ve compulsivamente sustituida por libertad de elección en la oferta de consumo. Sin duda, las luchas políticas del siglo XXI —¡y no sabemos aún de cuántos más!— deben consistir en ampliar la libertad efectiva a quienes hoy todavía no la disfrutan más que de modo minusválido, subalterno. Sin embargo, la pregunta de fondo, al menos para el teórico de la política, no es ya si este empeño emancipador triunfará plenamente algún día, sino esta otra: ¿podremos seguir hablando de «libertad» en la sociedad por fin limpia de todas las formas de «esclavitud»?

SEGUNDA PARTE

ELECCIONES RECOMENDADAS

CAPÍTULO 7

Elegir la verdad

> *Que se enfrenten la verdad y la falsedad; ¿acaso se ha visto alguna vez que la verdad sea derrotada en una confrontación franca y leal?*
>
> JOHN MILTON

Hace años vi en cierta cadena española de televisión un programa que me impresionó especialmente. Me refiero a que me dejó juntamente indignado y desolado: vuelvo a sentirme así cuando rememoro aquella ocasión. Se trataba de un espacio semanal dedicado a debates generalmente tumultuosos sobre fenómenos paranormales, milagros, platillos volantes y asombros baratos semejantes. Por entonces había al menos uno de este género en cada canal y se publicaban media docena de revistas acerca de tales candentes cuestiones, a cual más inventiva. Quizá hoy haya disminuido la afición, aunque no estoy muy al tanto: pero lo más probable es que el negocio siga siendo rentable. El programa de aquella noche fatídica, en el que vine a dar por casualidad o aburrimiento, trataba de la combustión espontánea.

Para mí el fenómeno era desconocido, pero la mayoría de los contertulios lo consideraba tan habitual y rutinario como las puestas de sol: consiste en que de pronto, sin más trámite, una persona se pone a arder sin causa justificada ni excusa válida. Por lo visto ocurre frecuentemente que, junto a la gente fumadora que nos pide fuego en la calle, hay otra a la que el fuego le sale de dentro sin poderlo remediar, como la inspiración a los poetas. La nómina de los así espontáneamente calcinados es según parece copiosa y la mayoría de los asistentes al plató podía aportar un caso atestiguado por varios amigos que lo presenciaron o hablaron con quienes lo presenciaron. Alguno invocaba el testimonio de «importantes científicos americanos» que se dedican a estudiar estos sucesos flamígeros pero prefieren callar su nombre por miedo a represalias de sus colegas ignífugos o quizá de los bomberos.

Sobre qué o quién provoca este repetido prodigio, las escuelas difieren, según aprendí en esa instructiva velada. Los elementos desconocidos que componen el cuerpo humano intervienen en el asunto, aunque también las manchas solares y la polución atmosférica: por supuesto, de vez en cuando, los extraterrestres echan una mano de forma totalmente desinteresada. Frente al coro aquiescente de los convencidos sólo se alzaba una voz disidente: la de un catedrático de química de alguna universidad madrileña. Con obstinación cortés pero inamovible, procurando no ofender a nadie —¡ay, si yo hubiese estado allí...!— sostenía que la combustión así planteada era físicamente imposible y científicamente absurda. Todos se unían para zaherirle: resultaba evidente que le habían invitado exclusivamente con tal fin. Le dijeron con malos modos que representaba el dogmatismo más obsoleto, la estrechez mental y el racionalismo estreñido, la ufana autocomplacencia del pensamiento dominante que se niega a aceptar lo que no controla o cuanto le alarma: ¡la verdad está ahí fuera! Único y modesto paladín de la ilustración acorralada, el profesor sonreía y seguía resistiendo. Finalmente uno de sus adversarios, creo que el mismo que apeló antes a la autoridad de científicos ignotos, le espetó: «¿Cómo puede usted decir que algo es imposible invocando a la ciencia? Sepa usted que la ciencia contemporánea se rige por dos grandes normas: la teoría de la relatividad de Einstein, que nos enseña que todo es relativo, y el principio de incertidumbre de Heisenberg, según el cual nada podemos dar por seguro a nivel subatómico. De modo que ¡viva la combustión espontánea!» En ese preciso momento apagué mi televisor o, al menos, cambié de canal. Indignado, desolado... incurablemente ingenuo.

Esa misma noche, ya en la cama, me revolví inquieto, obsesionado por la pregunta que se atribuye a Pilatos: ¿qué es la verdad? Aunque quizá la cuestión debiera ser: ¿existe la verdad? Pero sobre todo y antes de nada: ¿por qué se odia, se desprecia y se *teme* a la verdad? ¿Por qué la verdad primero nos falta, y luego nos sobra y nunca nos basta? Para mí es evidente que quien busca y requiere la verdad no carece de imaginación, ni muchísimo menos de coraje. Tampoco padece cualquier grado de ineptitud ante el asombro o la maravilla poética: porque lo verdaderamente asombroso y poético no es que arda lo que nada enciende, sino que sepamos cómo algo se enciende y arde. Lo maravilloso es la realidad presente del fuego, no agobiarla bajo truculentas leyendas y burdas supersticiones. Que cada cosa sea como es y responda a su propia naturaleza, a pesar de que cuanto existe parece presa de incesante mudanza, debería bastar para mantener activo, asombrado y curioso el espíritu cuerdo. Si se diera, el capricho milagroso no añadiría nada a la fascinación del mundo: a quien le aburre ver cómo, primavera tras primavera, florecen las rosas ¿cuánto rato le entretendría verlas florecer en invierno o sólo las noches de luna llena? No, el que rechaza la verdad de lo real no aspira a nada alternativo más rico ni más complejo, sino sólo a intercalar en las normas objetivas que no le obedecen excepciones arbitrarias de las que pueda sentirse dueño. A ciertas almas descompensadas se les hace duro asumir que lo real no haya esperado su visto bueno para constituirse como tal. Supongo que a ello se refería T. S. Eliot cuando comentó que los humanos sólo soportamos la realidad en dosis limitadas... En cambio san Agustín sostuvo que, parezca lo que parezca, todos los hombres aman espontáneamente la verdad. ¿La prueba? Que ni siquiera los más desvergonzados mentirosos aceptan de buen grado que se les engañe...

Desde luego, no todos los adversarios de la verdad pelean bajo la misma bandera. Algunos sostienen que ellos aman tanto la verdad que no quieren verla sometida a sus habituales controles ni criterios (los partidarios de la combustión espontánea antes mencionados podrían considerarse ufanos miembros de esta caterva): rechazan la ciencia sólo porque es demasiado acomodaticia o estrecha y se les ha quedado pequeña. Otros, en cambio, señalan que la verdad no es nada objetivamente contrastable sino una construcción social intersubjetiva en permanente reinvención, que los intelectualmente dominantes obligan a compartir al resto de su comunidad hasta que el poder cambia de manos y de discurso. Hay una tercera variante, clásica, que acepta en teoría la posibilidad de tal cosa como la verdad pero descarta que los humanos podamos acceder a ella fiablemente y nos confina todo lo más en el acatamiento resignado o utilitario de ciertas engañosas apariencias que de momento nos convienen. Acentuando esta postura no faltan quienes denuncian la proclamación de verdades determinadas como un síntoma de *pereza* intelectual, la dimisión presuntuosa del espíritu crítico que debiera seguir zapando disconforme mientras dura. Apenas merecen especial mención aquellos que no formulan ningún tipo de reservas epistemológicas contra la verdad, a la cual condenan por motivos «estéticos», prefiriendo siempre el arrobo delicioso de la fantásticamente imposible o los consuelos contra el mundo de lo sobrenatural. Con seguridad dejo de mencionar alguna familia en esta nómina de urgencia, aunque probablemente constituirá una rama peculiar de cualquiera de las ya mencionadas.

Lo destacable es que, para el amante de la verdad, cada una de estas actitudes no carece de su verdad propia. Hasta para negar verosímilmente la verdad es imprescindible manejar ciertas verdades y no es éste por cierto el menor de los méritos que hacen superior a lo verdadero sobre sus contrarios. Según Spinoza, la verdad es índice de sí misma y también de lo falso: cuando establecemos la verdad, obtenemos al punto el modo de saber *a qué distancia* está de ella lo falso y en qué medida es en verdad falso. Muchos de los objetores de conciencia contra la verdad en realidad se oponen a un fantasma mayúsculo, la Verdad. Desconfían de que exista la Verdad o se rebelan contra ella, si es que existe: y en ambos casos hacen bien, porque tan cierto es que hay verdades para nuestro conocimiento como que la Verdad total y absoluta es un absurdo (es decir, algo que no hay por dónde cogerlo, ni por dónde comprenderlo, algo que ni siquiera podemos inteligiblemente «echar en falta») que pertenece al limbo de la teología (como el Bien, la Belleza o el Sentido de la Vida) y cuya sombra paraliza cuanto oscurece en lugar de curar a los paralíticos, como cuentan que lograba la de Cristo. Porque la verdad es siempre verdad aquí y ahora, respecto a algo: es una *posición* y por tanto no puede absolutizarse sin sabotearse a sí misma. No hay Verdad en términos absolutos lo mismo que no hay Izquierda o Derecha absolutas (hablo de topología, no de política), sino siempre respecto a algo y de acuerdo con determinada orientación. Eso no quiere decir precisamente que todas las verdades sean «relativas», si por tal entendemos que sean menos verdaderas de lo que creen ser o deberían ser, del mismo modo que lo situado concretamente a la izquierda o a la derecha —aunque no sean términos absolutos— no están realmente menos a la izquierda o la derecha de lo debido. Son posiciones referidas a algo (y en tal sentido no están «absueltas» de cualquier relación determinante, como parece exigir lo Absoluto) pero no padecen «relativismo» alguno en lo que el término implica de «deficitario» o poco fiable. Precisamente sería su carencia de referencia concreta, su posición imposible en lo incondicional, lo que las invalidaría totalmente...

De modo que puedo ahora reformular la pregunta inicial que me suscitó aquel debate televisivo y en lugar de plantearme «¿qué es la verdad?», preferir esta cuestión: ¿qué es «verdad»? Una inquietud quizá algo menos congestionada que la anterior, pero no menos difícil de responder con naturalidad. Intentémoslo, empero, recurriendo al dictamen clásico: es «verdad» la coincidencia entre lo que pensamos o decimos y la realidad que viene al caso. Vayamos por partes, como nos enseñó Jack *el Destripador*. La «verdad» es una cualidad de nuestra forma de pensar o de hablar sobre lo que hay, pero no un atributo ontológico de lo que hay. Se dicen o se piensan cosas «verdaderas», pero no existen cosas verdaderas en sí mismas (ni cosas falsas, claro está). La verdad es coincidencia, *acierto*: la posición de quien pretende saber que mejor se adecua a lo que pretende sabido. Así pues no hay verdad sólo en quien conoce ni sólo en lo conocido, sino en la debida correspondencia entre ambos, tal como decimos que un flechazo certero no está ni en la flecha de Guillermo Tell ni en la manzana sobre la cabeza de su hijo sino en el atinado encuentro entre una y otra. No basta el arquero, ni el arco, ni la flecha ni el blanco para que haya un buen tiro: es necesaria su conjunción armónica. Así también en el asunto de la verdad.

Decir «coincidencia» o «correspondencia» implica asumir que nuestras cogitaciones y aseveraciones se refieren a algo distinto e independiente de ellas. Podemos llamar provisionalmente a ese algo «realidad». Pensamos y hablamos sobre hechos o estados de cosas a los que nuestras ideas y palabras se refieren, los cuales forman la realidad. Desde luego, si no hay nada real en este sentido (como parecen sostener diversas variedades antiguas, modernas y posmodernas de *idealismo* filosófico) la verdad carece de objetividad, no siendo en el mejor de los supuestos sino lo que cree o crea quien piensa y habla. A mi juicio, elegir la verdad significa aceptar algún tipo de realidad objetiva, independiente. Y me parece sumamente probable que la minusvaloración o relativización depreciativa de la verdad sea a fin de cuentas una forma de animadversión a la realidad. Ahora bien, antes dijimos que es «verdad» la coincidencia entre aquello que pensamos o decimos y la realidad *que viene al caso*. El requisito subrayado es muy importante, porque se dan distintos niveles o tipos de verdad (los he llamado «campos de la verdad», en homenaje a los terrenos de las afueras que en las ciudades medievales servían para dirimir por medio de torneos las ordalías o juicios de Dios), cada uno de los cuales pretende coincidir con un aspecto característico de lo real. No todos los campos de la verdad ni por tanto los planos de lo real de que aspiran a dar cuenta son iguales. Las realidades que deberían cumplir lo que el profesor Searle (por ejemplo, en *Mente, lenguaje y sociedad*) denomina sus «condiciones de satisfacción» resultan esencialmente diferentes. Creo que bastantes antagonistas de la verdad lo son porque ignoran que hay campos de la verdad diferentes y realidades también distintas requeridas para satisfacerlos o desmentirlos. Niegan de hecho o derecho la coincidencia verificadora porque presuponen erróneamente que el pensamiento o la palabra deben tomar siempre postura ante un mismo tipo de realidad...

Estudiar de manera suficiente los diversos campos de la verdad y los tipos de realidad a que se refieren exigiría un doble tratado que combinase metafísica y epistemología. Aquí habremos de contentarnos con unos pocos ejemplos que indiquen por dónde se encaminaría esa investigación a la que renunciamos. Para empezar, veamos estas afirmaciones: «Lope de Vega nació en Madrid en 1562»; «Lope de Vega es el autor de *Fuenteovejuna*»; «Lope de Vega fue el Fénix de los Ingenios»; «Lope de Vega es el mejor dramaturgo español del Siglo de Oro». Cada una de ellas pertenece a un campo de la verdad más o menos distinto o, si se prefiere, tiene unas condiciones de satisfacción diferentes. La primera y la segunda se refieren a hechos que pueden comprobarse por medio de investigaciones históricas (registros parroquiales, testimonios de la época, etcétera) aunque una trate de la ubicación de un hecho físico y la otra de la autoría de una acción simbólica. En el primer caso, decir que la afirmación es verdadera significa que si hubiéramos estado cierto día del siglo XVI, a cierta hora y en cierto determinado lugar, hubiésemos visto nacer a una criatura humana de sexo masculino que poco después sería bautizada como Félix Lope de Vega y Carpio. Aquí el campo de la verdad es muy estrecho: o tal cosa ocurrió o no ocurrió, sin mayores ambigüedades. En cuanto a la autoría de *Fuenteovejuna*, también implica hechos físicos concretos (cierto personaje escribiendo con pluma de ganso, por ejemplo, o dictándole versos a un escribiente, etc.) pero no se limita a ellos. Ser «autor» de una obra literaria no es meramente transcribirla o copiarla, sino *inventarla*. Que tal atribución a Lope sea verdadera implica que el escritor, pese a que se inspirase en alguna leyenda o historia del pasado, incluso aunque tomara prestadas varias metáforas y demás tropos literarios de otros autores, debe ser considerado según los criterios de la crítica literaria el fundamental responsable artístico de la obra en cuestión. El campo de la verdad a que se refiere esta afirmación también puede ser satisfecho con bastante nitidez, aunque intervengan consideraciones algo más imprecisas que en el caso anterior.

Mucho más ambiguas son las condiciones de verdad que se requieren para satisfacer las otras dos proposiciones. ¿Fue realmente Lope el Fénix de los Ingenios? Sin duda es un hecho comprobable docu-

mentalmente que recibió semejante título enco-
miástico por parte de algunos contemporáneos y
que luego otros muchos posteriores a su época lo
han repetido con aprobación. Si sólo se trata de esta
constatación nominal, es algo verificable con notable precisión. Pero si lo que deseamos saber es hasta qué punto merece tal nombradía, el campo de la
verdad se hace mucho más fluido. La denominación
elogiosa es una especie de metáfora basada en una
leyenda griega trasladada al plano literario y no aspira a la exactitud sino a ser emotivamente expresi-
va. De modo que puede tener aspectos verídicos y
falsos *a la vez*, de acuerdo con el punto de vista que
se adopte y el gusto estético de cada cual. Esta am-
bigüedad aún es mayor si queremos determinar
hasta qué punto Lope es el «mejor» dramaturgo de
su época en España. Los criterios de satisfacción del
campo de la verdad en este caso se hacen especialmente *relativos*, porque dependen de lo que se en-
tienda por «mejor dramaturgo» y de qué estima
subjetiva merezcan a cada cual las obras de dicho
autor. Más que verdadero o falso, el dictamen nos
puede resultar «verosímil» o «inverosímil», es decir
que en este caso puede tener ciertas apariencias dis-
cutibles de verdad (mayores, desde luego, que si se
afirmase de Lope que fue «el mejor cocinero o el
mejor espadachín de su época»).

No todos los tipos de verdad son iguales, pero
eso no equivale a decir que el concepto de verdad
carezca de contenido o que toda «verdad» sea una
construcción tan caprichosa e imprecisa como las
falsedades que se le oponen. Afirmar que «ciertas

personas sufren una combustión espontánea sin
ninguna causa externa» puede ser verdad si y sólo si
ciertas personas padecen de hecho tal tipo de combustión, lo cual por cierto nos obligaría a modificar
casi todo lo que sabemos sobre física, química y sobre las pautas mismas del pensamiento científico.
En cualquier caso, la verdad o falsedad de esa ase-
veración no depende meramente de la «imaginación» de los científicos ni de su forma de «interpre-
tar» la realidad, sino de sucesos que ocurren en el
mundo exterior a ellos sin pedirles permiso ni
anuencia. En cambio, cuando Quevedo —en un so-
neto de esplendor famoso— escribe:

> *Alma a quien todo un dios prisión ha sido,*
> *venas que humor a tanto fuego han dado,*
> *médulas que han gloriosamente ardido,*
> *su cuerpo dejará, no su cuidado;*
> *serán ceniza, mas tendrá sentido;*
> *polvo serán, mas polvo enamorado.*

la verdad encerrada en estos versos es de género
poético y depende de la sensibilidad cultural de los
lectores. O sea que no puede ser desmentida ni con-
firmada por ningún suceso del mundo externo, sino
sólo por la capacidad interpretativa de quien recrea
en su mente la experiencia espiritual a que el poeta
se refiere. Quien no vea la «verdad» de los versos de
Quevedo (aun perteneciendo a su área y tradición
cultural) puede ser tenido por un triste filisteo estético, pero su caso será más defendible que el de
aquellos partidarios de la combustión espontánea

que se niegan a los controles científicos pertinentes de los fenómenos que aceptan acríticamente.

Lo que pretendo establecer es lo siguiente: el que no toda verdad pueda fundarse del mismo modo no equivale a que la pretensión de verdad sea siempre infundada. Este planteamiento es perfectamente compatible con ciertas formas (moderadas, supongo) de escepticismo. La advertencia fundamental del escéptico dice que, aunque nuestra creencia en la verdad o falsedad de algo parezca tener suficientes evidencias, nunca podemos descartar totalmente el estar a pesar de ello equivocados. Así lo formula Montaigne: «Lo que yo mantengo hoy y lo que creo, lo mantengo y lo creo con toda mi creencia [...]. No sabría abrazar ninguna verdad ni conservarla con más fuerza que ésta. Me entrego por entero, me entrego verdaderamente; pero ¿no me ha sucedido ya, no una vez, sino cien o mil, y todos los días, haber abrazado alguna otra cosa con el mismo aparato, del mismo modo, y después haberla juzgado falsa? Por lo menos hay que ser capaz de hacernos sensatos a nuestras expensas» (*Apología de Raymond Sebond*). Admitir esta posibilidad de error comporta cierto desasosiego pero también prudencia y cordura: desde luego, no implica, a mi modo de ver, renunciar a conseguir verdades aunque estén sometidas a revisión ni considerar cualquiera de ellas igual de valiosa que las falsedades que satisfacen ilusoriamente alguno de nuestros caprichos supersticiosos.

Los partidarios de la verdad absoluta o de que sólo el Todo puede ser verdadero comparten con los escépticos el desdén por lo que podríamos denominar verdades «portátiles», es decir, las que realmente cuentan para nosotros en la vida y en la ciencia. Al comienzo de su *Fenomenología del espíritu*, Hegel propone a su lector el siguiente ejercicio: considere la verdad que resulta más evidente e incontrovertible según la experiencia actual, por ejemplo la de que en ese momento es de día. Puede anotarla en una hoja de papel, porque nada pierde la verdad por ser escrita: «Ahora es de día.» Basta que pasen seis o siete horas y, cuando relea la consignación de aquella verdad, comprobará que se ha hecho no menos evidente e incontrovertiblemente falsa. Luego habrá que buscar una verdad que no tenga condicionamientos temporales, espaciales ni experimentales de ningún otro tipo, etc. Sin embargo, algún lector cauto de Hegel, al realizar esa prueba, podría apuntar debajo de su anotación la hora y el huso horario en que la realiza y la modesta verdad quedaría más resguardada frente al vendaval de lo Absoluto. No cabe negar que, por cuidadosos que seamos, nuestras convicciones mejor documentadas pueden revelarse antes o después equivocadas. Pero la posibilidad misma de equivocarnos implica también que es posible acertar: si nada fuese verdad, tampoco nada podría ser falso. Los errores desalientan a los apresurados o a los que añoran la inamovilidad de los dogmas, pero instruyen poco a poco a los demás. Según enseñó Popper, nuestras verdades son aquellas afirmaciones congruentes con los sucesos reales que resisten a los intentos de probar su falsedad. Al revés ahora de lo que sostuvo Spinoza, quizá sea precisamente el error el índice de sí mismo y de lo verdadero. En palabras de Popper: «No disponemos de criterios de verdad y esta situación nos incita al pesimismo. Pero poseemos en cambio criterios que, *con ayuda de la suerte* (la cursiva es de Popper), pueden permitirnos reconocer el error y la falsedad.» A partir de estos tanteos, vamos estableciendo provisionalmente las verdades científicas cuya intuición se nos niega por caminos más directos: buscar la verdad es un ejercicio de modestia. Pues efectivamente, como señaló Ernest Gellner, se trata de «indagar» y no de «poseer».

Si no asumimos este ejercicio de modestia, no nos encontraremos más libres sino más avasallados por los embaucadores. La mayoría de los que dicen desconfiar de la verdad o niegan que sea algo más que una «convención social» no suelen caracterizarse en su vida cotidiana por no creer en nada, sino por creer en cualquier cosa. Y, sobre todo, creen a cualquiera: al que mejor encarna la moda intelectual de esa temporada, al que más eficazmente seduce o intimida. Renunciar a la objetividad de la verdad —que es por tanto intersubjetiva— equivale a someternos a los dictados de alguna subjetividad ajena (las mañas de la propia las conocemos demasiado de cerca como para que nos convenzan, salvo en casos de perturbación mental). Por eso escribió Antonio Machado:

> *No tu verdad: la verdad.*
> *Y ven conmigo a buscarla.*
> *La tuya, guárdatela.*

Quien no se somete a la realidad, tendrá que contentarse con obedecer órdenes o creer en ajenas profecías. Es muy probable que el desdén posmoderno por el sentido tradicional de la verdad (es decir, entendida como concordancia entre nuestras afirmaciones y los sucesos del mundo externo) sea en parte el lamento de subjetividades ambiciosas que no se resignan a tener menos ascendiente social que el concedido a los resultados objetivos de la investigación científica. A esta «voluntad de poder» (académica o ideológica) le atribuye Searle la culpa de la puesta en cuestión de toda realidad indiferente a nuestros designios: «En las universidades, y de forma muy destacada en diversas disciplinas humanísticas, se supone que si no existe un mundo real, las humanidades pueden tratar a la ciencia en pie de igualdad. Ambas tratan con constructos sociales, no con realidades independientes» *(Mente, lenguaje y sociedad)*. Esta actitud, que no renuncia a imitar «creativamente» las apariencias de la ciencia, lleva a imposturas como las denunciadas en el famoso «asunto Sokal» o, como vimos al comienzo, las de ciertas tertulias televisadas. Por supuesto, tampoco son mejores los académicos e ideólogos «cientificistas» que —ignorando la existencia de diferentes campos de la verdad— pretenden dirimir las cuestiones axiológicas o estéticas aportando como *ultima ratio* resultados obtenidos en el laboratorio...

Nuestro conocimiento es limitado e incierto pero existe y es relevante para nuestra vida. Como bien señaló Max Horkheimer (en *Materialismo y metafísica*), «que no lo sepamos todo no quiere decir,

de ninguna manera, que lo que sabemos es lo ine-
sencial y lo que no sabemos lo esencial». Tan absurdo resulta creer en la omnipotencia de nuestra
razón como en la de nuestra ignorancia: absurdo y
peligroso. Entre las elecciones de nuestra libertad,
ninguna tan imprescindible y llena de sentido como
la que opta por preferir y buscar la verdad.

Capítulo 8

Elegir el placer

> Y todos los que vosotros definís
> como *amantes del placer* son también
> *amantes de lo bello y de lo justo*, y to-
> dos continúan practicando la virtud.
>
> Cicerón

> *A parler sagement, nous avons
> plus d'intérêt à jouir du monde qu'à
> le connaître.*
>
> Saint-Evremond

En mi afrancesada primera juventud padecí la tardía influencia de André Gide. De su novela *El inmoralista* —que decidí leer alentado sobre todo por el título— me impresionó duraderamente esta referencia histórica, sobre cuya veracidad nada sé: «Confesaré que la figura del joven rey Atalarico era la que más me atraía. Me imaginaba a este niño de quince años, sordamente excitado por los godos, rebelándose contra su madre Amalasunta, pataleando contra su educación griega, rechazando la cultura como un caballo no castrado lo hace con un moles-

to arnés, y, prefiriendo la compañía de los godos in-
cultos a la del demasiado viejo y sensato Casiodoro,
paladear durante unos cuantos años, con rudos fa-
voritos de su edad, una vida violenta, voluptuosa y
desenfrenada, para morir a los dieciocho años completamente ahíto, ebrio de excesos *(soûlé de débau-
ches).*» Aún ahora, cuando escucho la siempre un
poco escandalosa palabra «placer», es en el Atalarico evocado por Gide en quien primero pienso, no en
el discreto y moderado Epicuro o en Montaigne.

Se trata probablemente de la lógica consecuencia, quizá no por lógica menos indeseable o morbosa, de una educación puritana bajo la clerical
dictadura franquista (también fue puritana, desde
luego, la educación impuesta a Gide). Porque en esa
fantasía sobre Atalarico como epítome del placer
están todos los cargos que la sentencia del purita-
nismo dicta contra su inmundo afán: inmadurez, rebeldía, grosería inculta, abuso y muerte prematura.
Todo ello forma una imagen literalmente *tentadora,*
es decir, que a la vez atrae, repele y asusta. O lo que
viene a ser igual, que asusta *porque* atrae y repele a
la vez: en ello consiste la seducción de lo repugnan-
te, de lo que promete un deleite que disolverá lo que
somos. «Cuando estés gozando, serás todo tu goce,
pero ya no tendrás que ser "tú"...» Quizá en el jar-
dín del Edén la influenciable Eva malinterpretó a la
serpiente: el documentado ofidio no le dijo que tras
comer la fruta del árbol del bien y del mal serían
ella y Adán como dioses (a la manera del doctor
Jekyll bebiendo su pócima para convertirse en el de-
sinhibido Hyde), sino que la manzana era tan sa-

brosa que paladearla les quitaría las ganas de ser divinos, es decir, del ser por excelencia. Vaya, que les daría igual ser dioses o no serlo... porque se sentirían divinamente. Pero Eva y sobre todo Adán se tragaron apresuradamente la fruta prohibida sin paladearla, buscando algo *después*, por lo que se perdieron el mejor efecto de ese alimento terrenal y sólo padecieron sus consecuencias, ya que el placer no es un medio instrumental para conseguir nada, ni siquiera es un fin en sí mismo, sino la evaporación gozosa de la distinción entre fines y medios, sin antes ni después. Eva y Adán no se cayeron del paraíso por obedecer a la serpiente confundiéndola con otra advocación de Dios, sino por creer que era una farmacéutica que les ofrecía el remedio contra la enfermedad de no ser Dios...

Pero volvamos de nuevo a los reproches puritanos contra la entrega al placer, netamente visibles en el caso más turbador —masturbador— de Atalarico, que tanto me impresionó *in illo tempore*, hasta el punto de que no he sido capaz de olvidarlos ni superarlos (aunque los asumí entonces y los acepto ahora como el rostro necesario de la verdadera voluptuosidad frente a lo que no la comparte): inmadurez, rebeldía, grosería inculta, abuso y muerte prematura. Veámoslos uno tras otro. Empiezo por la inmadurez. Está maduro, al modo puritano, quien ha interiorizado la inexorable ley que impone aplazar las compensaciones deseables y no desear las compensaciones que no pueden aplazarse. La urgencia del placer contraviene esta norma prudencial. En el arrebato de placer desaparece toda *de-*

mora y resulta arrogancia timorata la pretensión de demorar. El placer no compensa por un tiempo breve —como temen los calculadores— ni fuera del tiempo, como suponen algunos románticos idealizantes, sino contra el tiempo, contra el cómputo que somete el presente a la admonición preventiva del futuro o al escarmiento del pasado. El momento de goce es antitemporal, porque inmuniza perentoriamente contra las recompensas o castigos del porvenir mientras que nos identifica con lo que siempre ha sido, con algo pretérito que se actualiza impecablemente. Por eso Borges, que intentó pergeñar una nueva refutación del tiempo (pero la calificó de «nueva» para insinuar irónicamente su fracaso), arguyó que en el momento vertiginoso del coito todos los hombres son el mismo —son lo mismo— o que cuantos leen con convicción y comprensión un verso de Shakespeare son el indiviso y recurrente Shakespeare. El deleite logrado siempre es lo que ya ha sido y lo que no desmerece ni se preocupa por ir a dejar de ser. Lo aún no cerrado ni acabado, lo sin destino definido, lo que disfruta de repentina frescura frente a la perpetuidad apergaminada. Permítanme una referencia hípica de las que me gustan. Un propietario judío de caballos de carreras, en el siglo pasado, llamó a uno de sus campeones *Never Say Die*, (Nunca digas morir) y luego a una de sus mejores yeguas *Never Say No* (Nunca digas no). Después apareó al potro con la hembra y al producto que nació de ambos lo bautizó *Adolescencia*. Si hubiera sido macho, podría haberle llamado *Atalarico*...

Segunda acusación: rebeldía. Buscar el goce es rebelarse frente a la acrisolada obligación social de compartir los dolores que impone la lucha colectiva contra la necesidad. El padecimiento fructuoso, el sacrificio solidario que nos proporciona a la vez cicatrices y prestigio, son la base de cualquier moralidad pública que se precie. Los momentos de recreo suelen estar mal vistos por las personas decentes. El propio lenguaje se hace eco explícito de tales prejuicios. En una página genial, Rafael Sánchez Ferlosio comenta algunas de estas precauciones verbales: «Como todas las muletillas verbales, "un merecido descanso" y "una sana alegría" son expresiones ideológicamente marcadas. La anteposición estereotípica de "merecido" y "sana" parece indicar que el ocio ("descanso") y el goce ("alegría") son, en sí mismos, tal como se crían en el campo, plantas bravías, malas y dañinas, y que hay que someterlos, respectivamente, al tratamiento del merecimiento y la salud. La represión ha proscrito el descanso y la alegría como cosas malas, caídas en pecado, que tienen que pedir perdón y hacer penitencia. El descanso tiene que presentar la tarjeta perforada que demuestre que "ha fichado" en el reloj de control de su centro de trabajo, o, más propiamente, "centro de cansancio". A su vez, la alegría tiene que presentar el certificado médico que acredite de ella haber "dado negativo" tras haber sido sometida a las correspondientes pruebas antidroga, controles antialcohólicos y profilaxis antivenéreas, o, más precisamente, "anticoncupiscentes", oficialmente exigidas» *(Vendrán más años malos y nos harán más ciegos)*.

Los quitamiedos lingüísticos que suelen acompañar a la palabra «placer» para evitar el vértigo escandaloso de su proclama son variados: placeres *sencillos*, placeres *inocentes*, incluso *honestos* placeres... El placer asilvestrado, sin aditivos, tiene siempre por lo visto algo de culpable e indecente, que aumenta cuando se exaspera su efecto tóxico por medio de rebuscamientos probablemente contra natura. Sobre todo, el placer quiere sustento carnal, se niega a la renuncia del cuerpo y por ello cae del lado de la sublevación: porque obedecer es siempre, por lo pronto, renunciar... al *habeas corpus*.

La entrega al placer es señal también, según los censores, de grosería inculta. Ése es precisamente uno de los términos derogatorios que más suelen aplicársele, el de «grosero». Placeres groseros (como se habla también de «materialismo grosero»). Según este planteamiento, todo el esfuerzo de refinamiento cultural va encaminado a producir filtros y mediaciones para no contaminarnos irreparablemente con la tosquedad sensual de los goces. La cultura nos permite manejar los placeres, sí, pero *con guantes*. El espasmo de deleite está al alcance de cualquier bicho viviente —todos los animales son «materialistas groseros»— pero los humanos hemos inventado el modo de estilizar ese grato retortijón, trasladándolo de los órganos sensoriales a la representación intelectual. Para que el placer nos parezca culturalmente aceptable debe hacerse más difícil, debe ascender del registro de lo meramente sentido al noble nivel de lo pensado... Desde luego, la función de nuestros instrumentos culturales —artísticos o tecnológicos, de la pintura impresionista y el *bel canto* hasta el *jacuzzi*— para propiciar y explorar nuevas posibilidades de voluptuosidad me parece la más sugestiva de todas. Sin embargo, no quisiera que sirviese para calumniar otras formas de contento más elementales, obvios y evidentes, es decir más «groseros» según la jerga derogatoria de los puritanos. A este respecto, es conveniente recurrir siempre a Montaigne —tan culturalmente placentero, pero que nunca zahiere esos otros goces que titilan los órganos y «embadurnan pegajosamente nuestros bigotes», por decirlo más o menos como él—, quien nos previene contra esa especie de vergüenza que nos hace sonrojar de las aficiones más «animalescas» de nuestra condición: «¡Qué monstruoso animal es el que se causa horror a sí mismo, aquel al que sus placeres manchan; cómo se condena a la desdicha!» (*Ensayos*, libro III, capítulo V). Y no retrocede ante la declaración más comprometedora, que el incivilizado Atalarico hubiera suscrito y arrojado al rostro de su prudente ayo: «Me aferro incluso a las menores ocasiones de placer que puedo encontrar. Sobradamente conozco de oídas diversas especies de placer prudentes, fuertes y gloriosas; pero la opinión ajena no logra hacérmelas apetitosas. No las quiero tanto magnánimas, magníficas y fastuosas como dulzonas, fáciles e inmediatas» *(ibídem)*. ¿Incultas? ¿Groseras? De acuerdo, si así lo quieren los melindrosos y los estreñidos: pero en cualquier caso jubilosamente *conmovedoras* de nuestra carne nerviosa, afirmativas hasta la médula del inconsecuente enigma de la vida que no hemos inventado, que normalmente padecemos pero del cual a veces nos es dado también disfrutar.

¿Llevan tales deleites inevitablemente al abuso, como también señala otro reproche? Pero ¿quién establece la difícil demarcación entre el uso excitante y el abuso que bloquea? No hay ciencia más difícil de poseer —ni más necesaria, estoy de acuerdo en ello— que la templanza, siempre que ésta sirva para prolongar y garatizar los placeres, no para suprimirlos. El sabio Lichtenberg advirtió que es más fácil para la mayoría la abstinencia que la templanza, porque ésta admite y asume el don de la voluptuosidad mientras que la primera se horroriza santamente ante su amenaza. Y de nuevo resulta aconsejable —y grato, siempre grato— escuchar a Montaigne: «Yo me defiendo de la templanza como antaño lo hice de la voluptuosidad. Me lleva demasiado atrás, a veces hasta la estupidez insensible. Pero yo quiero ser dueño de mí, en todos los sentidos. La sensatez tiene también sus excesos y no necesita menos moderación que la locura» *(ibídem)*. El baremo de la templanza corre el riesgo de establecerse a partir de los escrúpulos de los timoratos y supersticiosos o de la náusea enfermiza de los inapetentes. La conveniencia ocasional del exceso es recomendada hasta por maestros morales tan poco sospechosos de tendencia al desenfreno como Séneca, que no retrocede a la hora de aconsejar a su pupilo Lucilio, propenso a la melancolía, una buena borrachera de vez en cuando y menciona —con aparente oxímoron— la posibilidad de una *sobria ebrietas*. Es decir, un abuso que no conculca el saludable equilibrio de la higiene vital sino que lo realza y «desneurotiza», si se me permite el terminacho que desde luego Séneca no comete. ¿No será muchas veces el «abuso» la simple capacidad de gozar puesta en práctica, tal como la ve quien se resiste a ella? Aquí podríamos recordar la definición que en su *Diccionario del diablo* propone el sarcástico Ambrose Bierce para *abstemio*: «Persona de caracter débil, que cede a la tentación de privarse de un placer.»

Llegamos a la última y más grave acusación: la muerte prematura. El gozador, sobre todo si es muy joven, se mata a fuerza de incontrolados deleites. En cierto modo, cada goce profundo es una especie de pequeña muerte porque no concibe el *después*. Hay que reconocer que hay un uso destructivo del placer, una búsqueda tanática en el fondo de los mayores contentos, que exaspera antivitalmente lo que en principio constituye la más decidida y consecuente afirmación de la vida. No consiste esta perversión en «afirmar la vida hasta en la muerte», como predicó Georges Bataille del erotismo, sino más bien es el empeño que busca en la mayor afirmación de la vida una consecuencia mortal: algo propio no de vividores o gozadores, sino de puritanos desesperados por sus fantasmas morbosos y dispuestos oscuramente a castigarse por haberse decidido a vivir sin trabas ni recelos. El hedonista sano puede morirse de gusto, pero nunca pretende que sea la muerte quien expida el certificado incontrovertible de que ha gozado a fondo. En realidad, el placer no tiene por qué acortar la vida: más bien la socava, es decir, la *ahonda*. Lo que descubre el goce es que debajo de la vida —*dentro* mismo de la vida— hay más vida, aunque no haya vida más allá de la vida: la aventura no está en la duración, sino en la intensidad (aunque nada de malo tiene prolongarla cuanto sea posible para no dejar de explorar rincones delicadamente intensos que se escapan al neófito gozador arrebatado). La mucha vida no es la vida «larga»: recordemos la cínica respuesta del médico al paciente al que acaba de recomendar dejar de beber, comer delicias, fumar y disfrutar del sexo, cuando éste —justificadamente inquieto— le pregunta si así vivirá más tiempo. «No, le responde el galeno, pero sin duda la vida se le hará mucho más larga.» A este respecto, Atalarico podría haber contestado a sus críticos lo mismo que Stevenson a otro médico que le prescribía ahorrarse esfuerzos «porque de otro modo moriría joven»: «¡Ay, doctor, todos los hombres mueren jóvenes!» Si así no fuera, apenas tendría importancia morir.

¿De dónde proviene la mala fama *moral* del placer? Porque lo cierto es que siempre les ha sido más fácil obtener aprobación moral, aunque sólo fuese condicional, a quienes han hecho sufrir a otros (grandes líderes políticos o religiosos, promotores tiránicos de empresas tan descomunales como fatigosas, los cómitres de la humanidad) que a los que se dedicaron a buscar sin trabas su propio goce. Se les tacha a estos últimos de «egoístas», pero curiosamente su egoísmo que a nadie obliga salvo a sí mismos resulta aparentemente más repulsivo, menos «ejemplar» que el no menos evidente egoísmo de los que exigen el esfuerzo ajeno para producir, acumular o conquistar: la feroz y calvinista hormiga recibe mejor trato ético que la disipada cigarra... incluso entre quienes simpatizan prácticamente mucho más con la cigarra. Se admite la moralidad de quien aplaza el goce en nombre de futuros disfrutes, de quien impone renuncias y agobios hoy para exultar mañana (o para que mañana exulten otros), se alaba la buena disposición del que favorece o se sacrifica por la satisfacción de los demás... pero se desconfía de quien se envuelve en su manto para vibrar a su propio gusto con dulces espasmos. En el fondo hay una especie de *pánico* moralizante —no quiero proclamarlo moral ni moralista— ante el goce obtenido y no meramente buscado o implorado, como si gozar nos ayudase culpablemente a prescindir de los demás. La ética se ocupa de la mutua *dependencia* entre los humanos y el placer, aunque provenga en la inmensa mayoría de los casos de nuestro frote o comercio con los semejantes, parece independizarnos momentánea pero eficazmene de ellos. Al gozar no necesitamos ya nada ni nadie —¡por el momento!— y esa efímera autosuficiencia que suspende el reinado humillante de las necesidades aparenta marginarnos de la ética que no pretende sino negociar con ellas. Quien sufre requiere de los demás y anhela su compasión, su colaboración y sus remedios: pero el que disfruta, en tanto que disfruta, parece volverse inalcanzable e, incluso cuando colateralmente contagia su alborozo a los más próximos o a sus cómplices, se diría que ha logrado ponerse *a salvo* por sí solo y ya no pide sino que le dejen en paz. Los dolores claman «¡ven en mi ayuda!», mientras que los placeres sólo dicen: «¡Haz como yo... o no molestes!». Los moralistas más severos no pueden consentir esta peligrosa rebeldía, que les deja cesantes. En el infierno y el purgatorio los forzosos inquilinos se hacen notar al horror o la piedad de Dante, pero sólo en el Paraíso tropieza con la barrera infranqueable de la dicha:

La mia letizia mi tien celato
che mi raggia d'intorno, e mi nasconde
quasi anmal di sua seta fasciato... (Par, VIII, 52-54)

Traducción de Abilio Echeverria:

> *La alegría me envuelve en luz y veda*
> *que tú me veas, pues de ti me esconde*
> *cual gusano en su cápsula de seda.*

Algún distraído podría objetar ahora que cualquier defensa e ilustración del placer es ociosa en nuestra época, pues los aires actuales nada tienen que ver con aquellos puritanos que soplaban durante la infancia de André Gide o durante la mía, en el franquismo. Hoy vivimos la institucionalización del hedonismo por la vía del consumo: la diversión se ha convertido en una obligación estética y política desde la cuna a la tumba, mientras que la publicidad de los bienes que satisfacen todos los caprichos o los inventan es la ideología predominante (¡la tentación sin remordimientos convertida en sermón cotidiano piadosamente escuchado!). Antes las iglesias ofrecían listas de indulgencias para abreviar el purgatorio en el otro mundo, con sus precios respectivos, y hoy los grandes almacenes ofertan sus catálogos con las novedades y rebajas que nos permitirán aliviar las penalidades de la vida terrena y convertirla, sino propiamente en paraíso, al menos en un parque temático provisto de voluntariosos y caros remedos del Edén. El huraño que se niega a las comodidades, la vertiginosa sucesión de electrodomésticos y las colonias perfumadas se convierte en un sospechoso rebelde asocial, casi un embrión de terrorista. En tal contexto, reivindicar el goce como transgresión equivaldría poco menos que a utilizar un aparatoso ariete para derribar una puerta abierta de par en par...

Personalmente, ninguno de estos síntomas estruendosos me convence del todo. Desde luego, prefiero las sociedades permisivas a las que retóricamente reducen este mundo a un esforzado valle de lágrimas e inmolan el presente —único tiempo que podemos realmente vivir— en aras de los impalpables contentos del más allá o de un radiante futuro que oficia como el más allá laico. Pero sigo convencido de que ninguna moralidad social puede ser auténticamente hedonista, aunque en ninguna sociedad —dichosamente— haya faltado el hedonismo como vergonzante y deliciosa moralidad privada. En el placer nunca recomendado y siempre buscado se han rebelado los individuos contra el malestar colectivista de sus culturas. Desconfío de la sinceridad de los placeres prescritos, tarifados. En nuestra sociedad de consumo se entroniza el gasto y la emulación en el gasto como cifra de los más altos deleites: los placeres sin precio, que cada cual debe descubrir o inventar pero que no pueden ser meramente comprados, siguen siendo antivalores mirados con desprecio o con recelo. Para que el afán de goce perpetuo fuese socialmente aceptable, hasta hace poco se nos recomendaba ir a la iglesia; ahora, primero a la oficina y luego a la tienda. El deleite sigue aplazado y etiquetado; debemos gozar por medio de la marca y convertir la ciega obnubilación fruitiva en logotipo. Por lo demás, no faltan las corrientes neopuritanas, disimuladas como maximización forzosa de la necesidad establecida de «estar en forma» para poder gozar mejor: así por ejemplo la tiranía medicinal de la salud y la obligación de mantenerse siempre joven, so pena de estar culpablemente enfermo. A los inquisidores que imponían caritativamente, hasta por medio de la hoguera, la salvación del alma les han sustituido otros inquisidores que velan por la salud pública de los cuerpos, sobre todo cuando su reparación actual suele costar dinero a la seguridad social estatalizada. La tristemente célebre cruzada contra las llamadas «drogas» —obviamente criminógena y fuente de los peores atentados contra las libertades ciudadanas— es un ejemplo insigne de este neopuritanismo en nombre de la Vida (entendida como mera duración productiva, no como intensidad), aunque desde luego no el único. También algunas de las interpretaciones de la enfermedad del sida y de los remedios preventivos indicados contra ella van en esta misma dirección. Ayer se denigraba al placer subrayando el oprobio de su dimensión innegablemente *trágica*, hoy escamoteando o maquillando tramposamente la opción trágica que sin duda encierra.

Por ello sigo pensando que no es nunca ocioso redundar de vez en cuando desde una ética trans-moral en el elogio del placer como elección vital y nunca dejaré de recordar con sobrecogido cariño al indecente Atalarico.

CAPÍTULO 9

Elegir la política

*Ben puoi veder che la mala con-
dotta è la cagion che il mondo ha fat-
to reo, e non che in voi sia corrotta.*

Dante, Purg. XVI

*De qué estás formado, depende de
la genética; en que te convertirás,
de la política.*

Stanislaw J. Lec

La política no siempre es ni mucho menos buena, pero su minimización o desprestigio resulta invariablemente un síntoma mucho peor. Puede que
haya personas tan creativas e idiosincrásicas de espíritu que sean capaces de pasarse sin política y
conservar sin embargo su libertad ciudadana: no conozco nadie así (y no les creo a ninguno de mis conocidos que se autocelebran por ser así: sólo son
falsos originales, oportunistas o lameculos) pero no
descarto totalmente su existencia. En cambio, estoy
seguro de que no hay comunidades libres sin ejercicio permanente, consecuente y públicamente asu-

mido de la política. Más concretamente, sin la defensa de ideas políticas argumentadas que cualquiera puede suscribir o rechazar. Una idea política es una forma de *hacer*, no una forma de *ser*. Los totalitarios siempre dicen: «Nosotros no nos mezclamos con los políticos, no *hacemos* política; lo que nos define es que *somos* de tal pueblo o raza, que somos como se debe ser frente a quienes no son lo que deben, hagamos lo que hagamos.» Para quien *es* puro, todo lo que *hace* se le convierte en puro y aceptable.

En la época franquista, nada estaba peor visto (ni resultaba más peligroso) que «meterse en política». Lo decente era ser español, ser trabajador, ser «como es debido»... pero sin politiquerías. Lo estupendo era que uno podía ser gobernador civil, o director de banco, incluso ministro, sin dedicarse a la política ni contagiarse de ella. El propio Franco se lo dijo a un atónito confidente: «Haga como yo, no se meta en política.» Por lo visto en esa época bienaventurada sólo hacían política quienes se oponían de algún modo al régimen establecido, fuesen periodistas, sindicalistas, obreros, jueces o profesores de universidad. Y lo que hoy (noviembre de 2001) llama la atención en la guerra de Afganistán es que entre la Alianza del Norte y los talibanes se intercambian tiros, pero no ideas políticas: no conocemos en qué difieren sus proyectos económicos ni sus directrices sociales, lo único que sabemos es que los hay uzbekos, tayikos, pastunes y cuarenta etiquetas más. Pero siempre eso, sólo etiquetas de lo que se es o no se es, nunca ideas sobre lo que se va a hacer. Lo único remotamente parecido a una cuestión de práctica organizativa es su relación con la religión islámica como norma de la cotidianidad, que parece más permisiva entre los del Norte y más integrista entre los talibanes... siendo en ambos casos igualmente incompatible con un estado democrático laico, eso sí. Claro que cómo les va uno a reprochar este afán etiquetador y antipolítico, ni su exhibicionismo piadoso, cuando hay que oírle al propio presidente Bush hablar a partir de los atroces atentados del 11 de septiembre nada menos que del enfrentamiento planetario entre el Bien y el Mal, los cuales vienen a ser las dos etiquetas supremas por antonomasia...

En el País Vasco, ay, tampoco está bien visto meterse en política. Lo íntegro y recomendable es ser muy vasco, muy «de aquí», muy de los nuestros, o atenerse a alguna etiqueta: vasco-vasco, vasco-español, vasco-francés... y pare usted de contar. A veces, para expresar indignación ante un crimen, los familiares aseguran: «Nunca se metió en política.» No puede haber mayor elogio, mayor prueba de radical inocencia. Lo expresó con gran claridad el dueño de un bar donostiarra en cuyo establecimiento se encontró un trágico juguete-bomba: «A mí no me lo pueden haber puesto porque yo no me meto en política... y además nunca he dejado de dar cuando vienen pidiendo para los presos etarras.» Significarse políticamente, como en el franquismo, equivale siempre a conspirar contra el régimen nacionalista. Así que nada de política, es decir de resistencia: paga y calla. Con razón señaló Bernard Crick en su excelente *En defensa de la política* (ed. Tusquets) que «la persona que desea que la dejen en paz y no tener que preocuparse de la política acaba siendo el aliado inconsciente de quienes consideran que la política es un espinoso obstáculo para sus sacrosantas intenciones de no dejar nada en paz». En nuestro País Vasco de lo que hay que hablar mucho es de ética y moral (ya saben, como Bush, del Bien y del Mal) pero sin politiquerías. Tomemos como ejemplo a nuestro *lehendakari*, que nunca es explícitamente político y siempre volublemente ético. No hace mucho, dirigiéndose a un congreso internacional de periodistas, les exhortó a la conveniente autocrítica diciendo que «no debe confundirse la libertad de expresión con hacer política».

De modo que seamos todos éticos a más no poder en el rechazo sin paliativos de la violencia, venga de donde venga, faltaría más. Pero nada de tiquismiquis políticos: nada de distinguir entre la constitución vigente y los proyectos de quienes se la pasan por el arco del triunfo, nada de especificar la diferencia entre comunidad étnica y sociedad de ciudadanos, nada de explicitar los modos y costes de los proyectos secesionistas de futuro, nada de revisar la educación que se está dando en Euskadi y sus posibles efectos criminógenos, nada de aclarar cómo puede seguir siendo llamado «histórico» el contencioso que se mantiene impúdicamente violento a pesar de todas las concretas transformaciones históricas legales (más bien parece ser un ejemplo de rutilante «ahistoricismo»). Etc.

Pero veamos qué significa en términos generales elegir la política como motivación, frente al mero repliegue sobre los intereses particulares o la identificación con las etiquetas absolutorias del ser frente al compromiso activo del hacer. La cosa más o menos puede argumentarse así: todos los seres humanos nacemos bajo una serie de determinaciones institucionales no elegidas que abarcan leyes, costumbres, interpretaciones históricas, mecanismos económicos, lecturas sociológicas o religiosas de la realidad, etc. No sólo venimos al mundo involuntariamente (por la buena razón de que nuestra voluntad es precisamente lo que aparece en el mundo con nosotros) sino también involuntariamente sometidos a un orden sociocultural que nos preexiste, fruto de azares, atavismos, conquistas, expolios y reformas acumuladas durante siglos. Cuando cobramos conciencia de esta situación, podemos someternos a ella con relativa pasividad, intentando acomodarnos lo mejor posible a las circunstancias y obtener el máximo provecho personal de lo establecido (procurando en todo caso esquivar sus males más apremiantes). Pero también podemos aspirar —intelectual y prácticamente— a reformarlo, de tal modo que este orden involuntario se convierta en mayoritariamente voluntario, o sea, estableciendo por medio de transformaciones institucionales los requisitos mínimos que deberían reunir las normas y poderes constituidos para que la mayoría de los afectados por ellos pudieran aceptarlos y no sólo padecerlos. En ambos casos, se está interviniendo en la configuración política del mundo: en el primero al modo conservador, favoreciendo la consolidación de lo establecido; en el segundo de manera transformadora, reformista o incluso revolucionaria. O al menos democrática, si atendemos a la opinión que expresa el politólogo Pierre Manent: «La ambición de la democracia es hacernos pasar de una vida sufrida, recibida, heredada, a una vida querida. La democracia es la voluntarización de todas las relaciones y todos los lazos» *(Cours familier de philosophie politique)*.

«¡El mundo está desquiciado! ¡Vaya faena, haber nacido yo para tener que arreglarlo!» Esta queja —justificadísima, desde luego— de Hamlet podrían compartirla todos los interesados en hacer política en el sentido transformador del término. Pero de hecho no todos se quejan, porque algunos (¿muchos? ¿la mayoría?) viven su tarea como una vocación tónica y estimulante: como la palestra más adecuada para la puesta en práctica social de su libertad. En cuanto a su ordenamiento invariable llamado «natural», el mundo también pudiera parecer desquiciado —mi amigo Cioran estaba convencido de ello, lo mismo que sin duda, menos elocuentemente, muchas otras personas al sufrir un terremoto, así como cuando envejecen o están a punto de morir— pero nada somos capaces de hacer para remediarlo: un orden cósmico desquiciado y sin embargo irrevocable nos abruma sin alentarnos; señala los límites infranqueables de nuestra libertad, no su campo de operaciones. Por el contrario, el desquiciamiento político del mundo resulta agobiante pero posibilita la insurgencia. Las leyes de la naturaleza son como son y de nada sirve que muestre el individuo su descontento, como lo hace el protagonista de las *Memorias del subsuelo* de Dostoyewski: el universo carece de libro de reclamaciones en el que estampar nuestras quejas. Aquí sólo cabe estudiar los mecanismos de lo inmodificable y aprender a utilizar sus posibilidades mejores en favor de nuestros proyectos y apetencias. Tal es el objetivo de la ciencia y la técnica. Pero cuando se trata del mundo social, de los distintos sistemas de instituciones y hábitos por medio de los cuales los humanos regulamos nuestra vida en común... ¡ah, aquí la cosa ya cambia! Lo que nuestros semejantes han establecido, nosotros podemos enmendarlo. El lema de Gianbattista Vico fue: *verum factum*. Es decir, sólo podemos conocer a fondo la verdad de aquello que sabemos cómo se ha fabricado. En lo tocante a las realidades naturales, nuestra ciencia siempre es limitada porque no somos capaces de crear seres vivos, ni obtener materia de la nada, ni hemos patentado las llamadas «leyes» que rigen el cosmos... vigentes al menos en aquella parte de él con la que tenemos trato. Pero las leyes humanas, las instituciones de transmisión o adquisición del poder político, las pautas de comportamiento, el reparto de las tareas laborales y la administración de las riquezas, todo ello puede ser plenamente comprendido por cabezas tan humanas como las que urdieron en su día la trama que ahora nos aprisiona. Y aquello que plenamente podemos comprender, porque somos nosotros —es decir, los que fueron o son como nosotros— quienes lo hemos «hecho», también lo podemos transformar o reformar de acuerdo con proyectos compartidos.

Sin duda resultará imprudente o demagógico exagerar nuestras capacidades revolucionarias de lo socialmente establecido: no debemos olvidar que el tiempo de las sociedades es largo y el de las personas breve, que cada uno de nosotros está socialmente constituido por el mismo tejido que trata de reformar, que nunca habrá realmente tal cosa como un «hombre nuevo», sino sólo novedades relevantes al alcance del hombre. Pero nada de esto impone la acomodación resignada a lo vigente ni mucho menos aceptar flagrantes desigualdades e injusticias como inevitables procesos de la naturaleza... social. Optar por ampliar lo más posible el consenso sobre las instituciones sociales es reconocer prácticamente que los humanos vivimos en dos mundos: el de la necesidad natural y el de la libertad política. En el registro del primero somos meros objetos de las leyes, pero en el segundo podemos desquitarnos convirtiéndonos en sujetos legisladores. El reino de la naturaleza es lo inevitable, pero el de la sociedad es la búsqueda razonable de lo mejor, aun a riesgo de errores y retrocesos. Para ello hace falta sustituir las etiquetas y dogmas inamovibles que condicionan ideológicamente nuestro acatamiento de lo estatuido por ideas políticas para transformarlo y abrirlo a la complicidad consciente de quienes menos provecho sacaron hasta ahora de la vida en comunidad. Por tanto el salto emancipador de lo involuntariamente padecido a lo voluntariamente asumido pasa siempre por aligerar en la medida de lo posible la carga determinante que cada cual soporta al nacer, en beneficio de una igualdad artificial —fruto del arte político— de derechos que permita a todos elegir y participar igualitariamente desde su pluralidad de opciones en el futuro que va construyéndose socialmente.

Es decir, con el quehacer político se disminuye la importancia de lo inmodificable (genealogía, herencia, tradición, condicionamientos genéricos o biológicos, etc.) y se potencian las capacidades de opción personal, equilibrando por medio de la educación y la redistribución de ventajas sociales las oportunidades para que cada cual pueda desarrollar un proyecto vital (relativamente) propio. Como antes se ha señalado, nunca podemos sino aproximarnos a este *desideratum*, cuyo ideal siempre se nos escapa y se modifica a medida que nos aproximamos a él. Uno de los datos esenciales de nuestra finitud es que nunca partimos de cero y tratar de establecer en términos absolutos la «novedad» humana siempre es una imposibilidad histórica que ha llevado a terribles manipulaciones totalitarias de las que el siglo xx tuvo ejemplos aborrecibles. En nuestro acomodo social siempre contarán los elementos de *pertenencia* (los vínculos de afecto y cultura que nos vienen dados) junto a los de *participación*, ese limitado abanico de nuevas posibilidades optativas de asociación, pensamiento crítico, sentimiento y creación que se abren ante nosotros. Intentar un modelo de sociedad que, sin aniquilar ni menospreciar las pertenencias de las que venimos, facilite al máximo y para la mayoría el juego participativo ha sido el mejor esfuerzo progresista de la política en la Edad Moderna. El resultado de ese empeño sigue siendo evidentemente incompleto y notablemente ambiguo en cuanto a la apreciación de sus resultados pero, a mi juicio, merece apoyo renovado y continuo, no desesperado abandono.

Si hoy debiésemos condensar en una sola palabra el proyecto político más digno de ser atendido, yo eligiría ésta: *ciudadanía*. O sea, la forma de integración social participativa basada en compartir los mismos derechos y no en pertenecer a determinados grupos vinculados por lazos de sangre, de tradición cultural, de estatus económico o de jerarquía hereditaria. Desde luego en todas las democracias que conocemos, establecidas como estados de derecho, sigue contando mucho (demasiado, a veces) el elemento nacional, étnico, la carga previamente adquirida de lengua, religión, mitos o costumbres secularmente compartidas. Pero actualmente tales elementos provienen por lo general de pertenencias múltiples, entrecruzadas, porque estas sociedades son siempre mestizas (aunque a veces hayan olvidado que lo son) y amalgaman bajo leyes comunes formas vernáculas de origen diverso. No se trata de una simple yuxtaposición de peculiaridades raciales o folclóricas, sino de una multiplicidad de rasgos identificativos que se intersectan o permutan dentro de un mismo marco institucional que garantiza su libre convivencia. En ello estriba la radical novedad de la sociedad de ciudadanos y su avance ético-político respecto a otras fórmulas convivenciales del pasado. Como señala Michael Ignatieff «no quiere esto decir que antes no existieran las sociedades multiétnicas y multiculturales, pero no eran democracias basadas en la igualdad de derechos, ni se sostenían en la premisa de un modelo cívico de inclusión, en la idea de que lo que mantiene unida a una sociedad no es la religión común, la raza, la etnia, la lengua o la cultura, sino un acuerdo normativo respecto al imperio del derecho y la creencia de que somos individuos iguales y portadores de los mismos derechos» («El narcisismo de la diferencia menor», en *El honor del guerrero*). Por supuesto, la ciudadanía incluye también la lucha asumida institucionalmente por medio de la asistencia social y de la educación pública contra las dos lacras principales que imposibilitan su ejercicio paritario: la miseria y la ignorancia.

En la actualidad vemos alzarse contra esta frágil y aún vacilante novedad progresista de la ciudadanía un movimiento reaccionario que me atrevería a llamar «etnomanía». Consiste en afirmar que la pertenencia debe primar sobre la participación política y determinarla, que son los elementos no elegidos y homogéneos los que han de sustentar la integración en la comunidad. Se trata de conceder la primacía a lo genealógico, lo lingüístico, lo religioso o las ideologías tradicionalistas sobre la igualdad constitucional de derechos: identidad étnica frente a igualdad ciudadana. O sea, el predominio de unas condiciones del pasado compartidas homogéneamente por unos cuantos sobre el pluralismo aunador del futuro en el que deben encontrarse y colaborar todos. Ayer se mencionaba como clave el término de «raza», luego vastamente desacreditado por la antropología y por los atropellos cometidos

en su nombre: ahora se prefiere hablar de «etnia».
El sentido sigue siendo semejante: la adscripción
nativa a un territorio y un grupo cultural como raíz
de la posesión de la ciudadanía *optimo iure*. Por decirlo con palabras de Giovanni Sartori: «Abolida la
servidumbre de la gleba que ligaba al campesino
con la tierra, hoy tenemos el peligro de inventar una
'servidumbre de la etnia'.» Como parece que —según la descripción clásica de la hipocresía— el vicio
siempre debe rendir homenaje a la virtud para asen-
tar su prestigio, esta conculcación de los derechos
individuales de ciudadanía se plantea en nombre de
unos supuestos «derechos colectivos» aún más fundamentales y superiores, los cuales deben prevale-
cer sobre ellos, según los etnomaníacos que los rei-
vindican, en caso de incompatibilidad entre unos
y otros. Por supuesto, esa incompatibilidad se da
prácticamente a cada paso, porque para ello han
sido inventadas esas colectivizadas reivindicaciones
legales. Sin duda no se trata de discutir el derecho
de cada cual a su lengua materna, su religión, sus
tradiciones, etc. (y a las correspondientes consideraciones legales de alcance supraindividual que lo
protegen), sino de rechazar como principio que el
estado de derecho no deba ser más que el refrendo
de una homogeneidad étnica preexistente y que los
estados democráticos pluralistas ya vigentes deban
fragmentarse de tal modo que respondan a una diversidad de etnias concebidas según el modelo in-
mutable de las ideas platónicas. No es lo mismo el
derecho a la diversidad, base del pluralismo democrático, que la diversidad de derechos, que lo ani-

quila. En la sociedad pluralista se respeta la multiplicidad de identidades étnicas, pero también se
permite su combinatoria polimorfa, de tal modo
que la pertenencia a una genealogía no determina
obligatoriamente la adscripción a una sola lengua, a
una religión o a una ideología, sino que permite
múltiples configuraciones personales que transfor-
man las identidades étnicas tradicionales. La etnomanía, en cambio, impone el lote identitario completo, pues para ella cada uno de sus rasgos exige y
refuerza a los demás. A fin de cuentas, la etnomanía sostiene que cada etnia de pertenencia forma un
bloque inconsútil que debe ser conservado por encima de los designios individuales de las personas
realmente existentes y que es incompatible, por razones ancestrales, con el mestizaje cultural o político que se da de hecho constantemente en las sociedades de ciudadanos.

Pero volvamos de nuevo —para concluir— a la
pregunta primordial: ¿por qué optar por hacer política, por qué intervenir en los asuntos colectivos con
voluntad de transformación social, en lugar de contentarnos con perseguir nuestros intereses privados,
intentando maximizar las ventajas y disminuir los
inconvenientes que para nuestra vida personal presenta el sistema establecido? En primer lugar, elegir
la política es aspirar a ser sujeto de las normas sociales por las que se rige nuestra comunidad, no
simple objeto de ellas. En una palabra, tomarse
conscientemente en serio la dimensión colectiva de
nuestra libertad individual. La sociedad no es el de-
corado irremediable de nuestra vida, como la natu-

raleza, sino un drama en el que podemos ser protagonistas y no sólo comparsas. Mutilarnos de nuestra
posible actividad política innovadora es renunciar a
una de las fuentes de sentido de la existencia humana. Vivir entre seres libres, no meramente resignados
ni ciegamente desesperados, es un enriquecimiento
subjetivo y objetivo de nuestra condición. Además,
aumentar los beneficios que cada cual obtiene de las
instituciones y leyes, mejorando por tanto su aquies-
cencia racional a ellas, es una garantía de *seguridad*
colectiva. Cuanto mayor es el equilibrio de una comunidad, su justicia, el reconocimiento que concede
a las demandas razonables de sus miembros y a
la diversidad de sus proyectos, más seguro resulta vivir en ella. Aunque la vida en democracia sea siempre polémica, pueden evitarse los peores riesgos del
antagonismo social, su dimensión más destructora.
Cara al siglo XXI, el reto es lograr reforzar las pautas
institucionales de la humanidad a escala planetaria.
Si algo debe ser globalizado, es precisamente el reconocimiento efectivo de lo humano por lo humano.
Más de seis mil millones de personas, crecientemente intercomunicadas en intereses y amenazas, no
pueden seguir viviendo existencias tribales, ni tra-
tando de crear islotes de prosperidad amurallada en
un océano de desdichas y abandono. Elegir la política es el paso personal que cada cual puede dar, desde su aparente pequeñez que no renuncia a buscar
compañeros y cómplices, para obtener lo mejor de lo
posible frente a las fatalidades supuestamente irremediables.

Capítulo 10

Elegir la educación cívica

> *El individuo educado es aquel que reconoce la legitimidad de toda ley que le impone un comportamiento admisible y aceptable por todos, es decir un comportamiento racional y razonable. Pero es también el individuo que captaría la ilegitimidad de toda ley que le impusiera no respetar a la persona de otro como a sí mismo, que le obligase por ejemplo a considerar tal o tal otra categoría de seres humanos como a simples cosas.*
>
> PATRICE CANIVEZ

Que el mundo está desordenado por la injusticia y la violencia, es una constatación inapelable de cualquier conciencia sana; y que por lo visto debemos ser nosotros los nacidos para remediarlo resulta una mala pasada del destino, como señaló oportunamente Hamlet. Ahora bien, la pregunta es: ¿qué podemos hacer? O, por plantearla de otro modo: ¿cómo ser eficazmente revolucionarios? La revolución entendida como guerra civil entre clases, como asalto al Palacio de Invierno, resulta poco tentadora en los países desarrollados pues crearía ciertamente nuevos males y no es seguro que resolviese ninguno de los antiguos. Nuestras democracias aspiran a transformar y mejorar sus instituciones, no a destruirlas. Hemos aprendido ya la lección de Albert Camus, cuando advirtió que en política son los medios los que justifican el fin. Pero esta lección de prudencia y de cordura no puede confundirse con un baño de resignación. Es preciso combatir lo que detestamos sin destruir indiscriminadamente lo que ya hemos conseguido desde hace por lo menos un par de siglos. Aunque no compartamos el simplismo brutal de quienes creen que basta con bombardear a los fanáticos (y también, ay, a quienes inocentemente les rodean) para acabar con los terrores que nos amenazan, es evidente que algo radical y profundo debe ser intentado para que los mejores logros civilizados no sean simples promesas o patrimonio exclusivo de algunas elites. De modo que podemos compartir la desazón de Hamlet: ¿por dónde empezar la revolución difícil pero necesaria? Pues bien, yo elegiría comenzar por la educación.

Por supuesto, la educación a la que me refiero no consiste en la instrucción básica ni en la mera preparación para desempeñar tareas laborales en cualquier campo, por esencial que sea la adquisición de tales conocimientos y destrezas. Ni siquiera estoy pensando en la educación como proceso que nos familiariza con los más distinguidos hábitos culturales (historia, geografía, artes plásticas, literatura, idiomas extranjeros...), aunque sin su desarrollo sea imposible imaginar una verdadera formación humana plena. Cuando hablo de educación aquí apunto a lo que —a falta de término más preciso— denomino educación *cívica*, es decir: la preparación que faculta para vivir políticamente con los demás en la ciudad democrática, participando en la gestión paritaria de los asuntos públicos y con capacidad para distinguir entre lo justo y lo injusto. Si las pasiones gremiales no me ciegan, me creo autorizado a suponer que esta concepción de la educación tiene especialmente que ver con la filosofía, tanto por su reflexión sobre la práctica social y los valores que la orientan como por su preparación para la *comunicación argumentada*. En uno de los últimos libros de John Kenneth Galbraith recuerdo haber leído algo semejante a esto: «Todas las democracias contemporáneas viven bajo el temor permanente a la influencia de los ignorantes.» Es a tal temor y a la forma de prevenirlo a lo que se refiere la educación cívica. Siempre si no me equivoco, la ignorancia de la que habla Galbraith no es primordialmente la falta de conocimientos científicos o datos fiables sobre materias concretas, sino algo más radical y sobre todo más directamente relacionado con el funcionamiento mismo del sistema democrático: la incapacidad para expresar demandas sociales inteligibles a la comunidad o para comprender las formuladas por otros, el bloqueo que impide argumentar o calibrar los argumentos ajenos (orales o escritos), la carencia de un mínimo sentido de los derechos y deberes que supone —e impone— la vida en sociedad más allá de las adhesiones patológicas a la tribu o la etnia. Este tipo de ignorantes, todos ellos con derecho a voto, se opondrán probablemente a las reformas necesarias que impliquen algún sacrificio y secundarán a los demagogos que les prometan paraísos gratuitos o la revancha brutal de sus frustraciones a costa de cualquier chivo expiatorio. El auténtico problema de la democracia no consiste en el habitual enfrentamiento entre una mayoría silenciosa y una minoría reivindicativa o locuaz, sino en el predominio general de la marea de la ignorancia. ¿Qué otra cosa puede contribuir mejor a resolverlo que la educación cívica?

Amy Guttman, una destacada teórica de la educación democrática, insiste en recordar el dictamen de Aristóteles en su tratado de política, cuando afirma que «nadie puede llegar a gobernar sin haber sido antes gobernado». Pues se trata precisamente de eso: haber sido propedéuticamente gobernado, es decir, aprender a obedecer a las leyes y las autoridades legítimas, asumir los valores compartidos, recibir lecciones prácticas de equidad, etc. es un requisito imprescindible para poder llegar en su día a gobernar con responsabilidad. El destino de gobernante, en los regímenes autocráticos u oligárquicos, corresponde a unos pocos y por tanto en tales sociedades sólo esos elegidos serán preparados para la dirección de la colectividad. Pero lo característico de las democracias es que en ellas no hay especialistas en mandar y especialistas en obedecer, sino que todos los ciudadanos deben ejercer alternativamente ambos papeles. Por eso son ciudadanos, porque participan en el gobierno y aprueban o revocan las leyes por las que se rige la comunidad. Esa tarea exige como es obvio un adiestramiento que no puede dejarse al azar de la propaganda o la demagogia. Llamamos «cívica» a la educación que prepara gobernantes, es decir, ciudadanos *optimo iure*. En su libro *Ser ciudadano*, el profesor inglés Paul Barry Clarke establece: «Ser un ciudadano pleno significa participar tanto en la dirección de la propia vida como en la definición de algunos de sus parámetros generales; significa tener conciencia de que se actúa en y para un mundo compartido con otros y de que nuestras respectivas identidades individuales se relacionan y se crean mutuamente.» Es decir, gestión de lo propio en interacción con lo que tenemos en común con nuestros iguales. En las democracias, toda educación cívica es escuela para príncipes; aunque destinada a formar unos príncipes que paradójicamente deben saberse *inter pares* pero no por encima de ellos, disfrutando una condición que confiere a todos capacidad de mando y a nadie privilegios. En todas las sociedades sus miembros son «objeto» de las leyes, pero sólo en los sistemas democráticos son también «sujetos» de ellas e intervienen en acordar lo que debe ser hecho en común.

De modo que la educación cívica tiene que proponerse formar gobernantes y legisladores, para evitar en nuestras sociedades la influencia letal de esos ignorantes cuyo predominio alarma, según Galbraith, en todas partes (aunque habría que señalar que alarma sólo a quienes pretenden utilizar las instituciones democráticas para radicalizar la libertad

y la igualdad efectivas, pues no faltan tampoco ma-
nipuladores y demagogos que confían en él para
perpetuar su hegemonía). La primera asignatura de
esa educación debe consistir en enseñar a *deliberar*
y en dotar de los medios imprescindibles para la
deliberación a los ciudadanos neófitos. Como sabemos al menos desde Aristóteles, sólo deliberamos sobre aquello que depende de nosotros y que podemos
cambiar voluntariamente. Así que no deliberamos sobre el hecho inamovible de nuestra *pertenencia* (sexual, étnica, familiar, genealógica, etc.) que debemos
asumir con resignación más o menos acrítica sino
sobre nuestras formas sociales de *participación* en
proyectos políticos, religiosos o culturales en los que
tomaremos o no parte de acuerdo con nuestro criterio y que nos obligarán quizá a reinterpretar el alcance de nuestras pertenencias. En una palabra, deliberamos sobre el rumbo a seguir y no sobre el
puerto de partida. Pero tal capacidad de deliberación
implica que el rumbo nunca esté necesaria e inamo-
viblemente determinado por el puerto del que se parte: supone planear y quizá rectificar planes, jamás
sufrir inexorablemente un destino sobre el que no
cabe discusión. Sería superfluo educar cívicamente a
quienes padeciesen o creyesen padecer alguna mal-
dición supersticiosa que les impide elegir.

Preparar para la deliberación consiste en formar
caracteres humanos susceptibles de persuasión: es
decir, capaces de persuadir y dispuestos a ser per-
suadidos. Ambas cosas son imprescindibles para
erradicar la violencia civil, que siempre proviene de
quienes son incapaces de articular convincentemen-

te demandas sociales o de comprender la fuerza argumental de las que se les proponen u oponen. La educación cívica tiene que intentar promover ciudadanos susceptibles de sentir y apreciar la fuerza de las razones, no las razones de la fuerza. Porque la deliberación es una tarea de puesta en común de razones y necesita fomentar la expresión y la comprensión: proponer sin imponer, aceptar sin sentir humillación, ser capaz de acuerdos y transacciones. Como el propio Camus dijo en otra ocasión, la democracia es un ejercicio de humildad social: aceptar que todos somos necesarios, que la cordura de cada uno necesita como límite que la haga efectiva las razones opuestas de otros que deben vivir con él. También implica asumir que vivimos en lo deliberado, no en lo fatalmente impuesto. De ahí que ninguna pertenencia puede servir de excusa para privar a nadie —sea cual fuere su sexo, origen, raza o condición familiar— de la educación cívica que le permitirá participar en la gestión de lo común. Por encima de cualquier otra determinación, compartimos el ser racionales y por tanto razonables, es decir protagonistas y no comparsas del drama social que interpretamos juntos. Como establece Patrice Canivez: «Reconocer a otro la cualidad de sujeto en tanto que ser razonable, es reconocerle *ipso facto* el derecho a la educación. Pues la educación es lo que le permite llegar a ser lo que es: un ser de pensamiento, de palabra y de comunicación. Uno de los derechos fundamentales de todo hombre, junto a la libertad, es así tener los medios intelectuales para la libertad» *(Éduquer le citoyen?).*

En nuestras sociedades pluralistas, la cuestión de la educación cívica está directamente ligada al tema de la *tolerancia*. No hay educación cívica que no fomente la tolerancia democrática, pero no es educación cívica la que tolera cualquier idea o conducta, es decir, la que no distingue entre tolerancia e indiferencia suicida. Hay que detenerse un poco en este aspecto porque creo que es actualmente fuente de peligrosos equívocos. Toda educación es una reflexión sobre la cultura efectivamente compartida para buscar en ella aquello que debe ser promovido y perpetuado. El objetivo de la educación es la reproducción social *consciente*: no el intento de fotocopiar el orden establecido hasta en sus peores defectos sino una selección crítica de sus aspectos científicos y valorativos más promisorios. En nuestro caso, de lo que se trata es de establecer lo mejor no de cualquier cultura o de todas un poco por igual sino de la *cultura democrática*. No todas las culturas son democráticas y por lo tanto no todas merecen el mismo lugar y reconocimiento en la educación cívica: sería absurdo que educásemos a nuestros jóvenes lo mismo para un sistema parlamentario que para un régimen feudal, o sin tomar partido entre la igualdad de todas las personas y la discriminación por raza o sexo, o concediendo el mismo rango epistemológico al método científico y a la magia simpática de los chamanes. Educar es preferir y reforzar, no acatar cualquier tradición como si la razón no pudiese discriminar entre ellas. Ciertos aspectos de la vida pueden ser enfocados desde diferentes perspectivas culturales: en general, se trata de cuestiones relacionadas con cómo disfrutar la existencia o buscar la perfección espiritual. Ese pluralismo es enriquecedor e inspira a quienes lo comparten. Pero en lo tocante a las garantías y obligaciones de los ciudadanos, sin duda la pauta común la impone el marco constitucional democrático fundado en la declaración de derechos humanos, que no puede ser abolido o relativizado porque contraste con ciertas costumbres de grupos particulares dentro de la sociedad. Después de todo, la democracia moderna ha consistido en una revolución contra numerosos y poderosos absolutos ancestrales y toda revolución descarta aspectos del pasado para fundar la orientación del futuro. Sería absurdo que los países democráticos, tras haber superado revolucionariamente los absolutos antidemocráticos de su pasado, aceptasen ahora importarlos nuevamente en nombre de una tolerancia que sabotearía los presupuestos políticos y culturales en los que se basan nuestras sociedades.

Uno de los planteamientos falsamente tolerantes que pervierten la educación cívica y amenazan la subsistencia misma de la democracia es el que suele formularse así: «En democracia, todas las opiniones son respetables.» No es cierto. Precisamente porque en las sociedades democráticas todo el mundo puede expresarse, debatir y votar —así como disfrutar de garantías protectoras— no todas las opiniones deben ser igualmente «respetadas», si por tal cosa se entiende que hay que aceptarlas sin crítica ni protesta o perpetuarlas en nuestro sistema educativo. En las democracias todas las personas son igualmente respetables, pero no todas las opiniones: ¡ni mucho menos! Me atrevo a decir que hoy en día ocurre frecuentemente lo contrario, es decir, que en muchas ocasiones se respeta menos a las personas que a las ideas o que se niega el debido acatamiento a los derechos humanos de las personas por una veneración idolátrica a cualquier tipo de ideas. Y es que la tolerancia exige establecer un marco común de cultura democrática —prioritaria sobre cualquier otra— que debe ser acatado: de modo que los ciudadanos que viven bajo dicho marco habrán de renunciar al ejercicio de la intolerancia, según criterios privados, para gozar por igual de la tolerancia pública. El criterio es especialmente importante en lo tocante a cuestiones de religión: en democracia se respeta el derecho a la libertad religiosa pero no se admite que nadie convierta su credo en *deber* para ningún otro, ni mucho menos que exija un estatuto legal distinto que el del resto de los ciudadanos. En un estado democrático existe el derecho a la diferencia pero no la diferencia de derechos. Esta visión de la tolerancia exige aprender a relativizar la adhesión a ciertas creencias y cultos: podemos practicarlos y difundirlos siempre que no vayan contra las leyes o los derechos humanos, pero también debemos ser capaces de soportar que otros los rechacen e incluso ridiculicen. Ser tolerante es convivir con lo que uno desaprueba... ¡y con quienes le desaprueban a uno!

En último término, lo que la educación cívica enseña respecto a la tolerancia puede resumirse así: se puede ser humano de muchas maneras... *aunque no todas ellas son democráticas*. Es preciso aprender a respetar la pluralidad de caminos que sigue lo humano (y aún esa pluralidad dista mucho de ser infinita, véase el capítulo «Elegir la humanidad»), pero sin olvidar la insustituible defensa de los principios que fundan nuestro régimen de libertades públicas. Hay que educar para prevenir tanto el fanatismo como el relativismo (llamado a veces «multiculturalismo» por algunos posmodernos despistados). En lo tocante al fanatismo, digamos que en modo alguno se trata de una forma de firmeza en las convicciones sino más bien de todo lo contrario, de *pánico* ante el contagio posible con lo distinto. Fanático es quien no soporta vivir con los que piensan de modo distinto por miedo a descubrir que él tampoco está tan seguro como parece de lo que dice creer. Por eso Nietzsche, en uno de sus destellos de maestría psicológica, estableció que el fanatismo es la única fuerza de voluntad de la que son capaces los débiles. En cambio Séneca dibujó muy bien el perfil de la persona inteligentemente tolerante, lo suficientemente convencida de sus ideas como para interesarse sin excesos hostiles por las convicciones de sus contrarios, de las que siempre puede aprenderse algo: «Acostumbro a pasar al campamento enemigo no como tránsfuga, sino como explorador *(sed tamquam explorator)*» *(Cartas a Lucilio)*. Tal actitud convivencial sería un hermoso logro de la educación cívica, la cual sin embargo nada tiene que ver con el relativismo que establece el postulado falsamente tolerante de que «todas las culturas son igualmente apreciables». Es cierto que no hay culturas superiores a otras, si por tal se entiende que no tengan nada que aprender de las demás; pero no es verdad que todas sean igualmente compatibles con la democracia o que la razón no pueda elegir entre ellas los rasgos políticos y sociales más deseables. Esa capacidad de elegir, preferir y desechar es lo que precisamente debería intentar conseguir en los futuros ciudadanos la educación cívica.

Capítulo 11

Elegir la humanidad

> *Es peligroso mostrar al hombre cuán semejante es a las bestias, sin mostrarle a la vez su propia grandeza. Más peligroso es mostrarle su grandeza sin su bajeza. Y aún más peligroso es dejarle en la ignorancia de la una y de la otra.*
>
> Pascal

Hace unos meses cierta cadena privada de televisión europea especializada en programar espectáculos especialmente provocativos o chocantes ofreció a sus espectadores lo que con toda propiedad podemos denominar «un plato fuerte». Se trataba de un sedicente artista de nacionalidad china cuya *performance* consistía en comerse el cadáver de un niño pequeño ante las cámaras. Hubo protestas y escándalo entre la, ay, numerosa audiencia. El esteta caníbal repuso a sus críticos que no conocía ninguna ley que prohibiese específicamente televisar este tipo de banquetes, que él consideraba expresión de un íntimo impulso y a la vez denuncia de la so-

ciedad de consumo en que vivimos. Algunos de los
más indignados solicitaron a las autoridades que, si
era cierto tal vacío legal, se dictase de inmediato
una norma que vetase tales espectáculos... Me pre-
gunto en nombre de qué debería promulgarse esa
ley: ¿quizá de la humanidad? Pero ¿tiene hoy todavía el concepto de humanidad —o, como se decía
antaño «la naturaleza humana»— alguna capacidad
normativa legítima? ¿No se trata más bien de un
confuso residuo del pasado, de inspiración teológica, que sólo funciona de vez en cuando a efectos retóricos pero al que no puede recurrirse ya para
orientar las legislaciones de nuestros estados laicos?
Si a un ciudadano que paga sus impuestos le apete-
ce devorar cuerpos de niños fallecidos por causas
naturales con el debido permiso de sus familiares y
una empresa comercial le financia el capricho para
que se convierta en espectáculo para adultos... ¿no
está en su *derecho* de hacerlo? ¿No equivaldría pro-
hibírselo a limitar su sacrosanta libertad individual
en nombre de un prejuicio «humanista» que él no
comparte?

Sin duda a lo largo del pasado siglo se apeló rei-
teradamente a la humanidad como principio para
dictar normas legales. Se proclamó solemnemente
desde las más altas instancias internacionales la
existencia de derechos «humanos» —que fueron re-
conocidos como los más fundamentales entre todos— y se incluyeron en los códigos gravísimas pe-
nas para sancionar los llamados «crímenes contra la
humanidad», los únicos que nunca prescriben. Y sin
embargo... Tales medidas se tomaron a raíz de aten-

tados masivos especialmente graves contra esa misma humanidad: campos de exterminio, bombardeos sobre población civil a escala nunca vista, ideologías totalitarias de alcance letal que aplicaron métodos industriales a la liquidación de personas, etc. los cuales prosiguieron cometiéndose en el lejano oriente o en dictaduras latinoamericanas durante la segunda mitad de la centuria. El filósofo Jonathan Glover ha escrito una «historia moral del siglo xx» que recensiona estas y otras atrocidades, cotejándolas con los criterios éticos más respetados durante esa misma época, cuyo título en castellano resulta especialmente significativo: *Humanidad e inhumanidad*. Como en otras ocasiones, aquí también la definición de un valor —«humanidad», en este caso, y la dignidad que la reviste— no parece surgir de su aceptación común e indiscutida sino de su conculcación sistemática. La humanidad se hace valiosa porque la echamos de menos...

Desde finales del pasado siglo, sin embargo, parece que la propia noción de humanidad entra en cierto tipo, al principio mitigado y luego abierto, de crisis. Insistir demasiado en ella puede conllevar un pecado de «antropocentrismo», que se ha ido volviendo crecientemente grave con el paso del tiempo. Ya mucho antes fueron las máquinas las que comenzaron a desplazar y sustituir ventajosamente a los humanos, que tienen toda la dignidad que se quiera (y por tanto una fastidiosa tendencia a reivindicar derechos) pero menos capacidad laboral, menos prestaciones y menos aguante que ciertos aparatos diseñados para producir más en menos tiempo y con menor costo. A partir del siglo XIX, los capitalistas se han mostrado más interesados en las ventajas del maquinismo que en los problemas del humanismo. Pero a lo largo del proceso de producción, el instrumento ha ido desplazando al sujeto productivo: en la antigüedad hubo herramientas que necesitaban la fuerza muscular humana (o animal) y la dirección racional de los hombres para ser eficaces; luego vinieron las máquinas, que ya no necesitaron ningún aporte muscular pero aún tenían que ser guiadas por el pilotaje humano; después, más y más, hemos ido entrando en la era de los autómatas, que no precisan de nuestros músculos ni apenas de nuestra inteligencia (¿no la hay ya artificial?), se programan unos a otros y nos ofrecen algo así como un modelo computacional no tanto imitado de nuestras neuronas sino al que nuestras neuronas quisieran imitar... Por supuesto, los humanistas militantes insisten en que sólo los hombres somos capaces de ir «más allá» y de trascender nuestros programas culturales o educativos tradicionales, mientras que el ordenador siempre estará confinado en los límites de su *software* humanamente programado. Los cibernéticos les miran con una sonrisilla de conmiseración: «¡Espera y verás!» La moda cinematográfica de las películas tipo *Matrix*, en las que los protagonistas son criaturas virtuales producidas por ordenador que sufren diversas perplejidades «existenciales» a causa de su condición, indican que a nuestros contemporáneos ya no les resulta ajena la idea de seres «humanos» fabricados a imagen y semejanza de cierta sofisticada tecnología. ¿Llegaremos a considerarnos meros remedos de nuestros propios simulacros?

Frente a las máquinas, el antropocentrismo humanista puede resultar obsoleto o patético; pero frente al resto de la naturaleza es arrogante, injusto y depredador. ¿Con qué derecho la Humanidad reivindica para sí misma una dignidad superior a las de la Vegetalidad o la Animalidad? En opinión de los ecologistas más radicales, el hombre no sólo no es el Rey de la Creación sino que constituye la mayor amenaza que ésta sufre contra la conservación de su equilibrio. Sólo una ínfima diferencia genética nos separa de otros primates e incluso es poco mayor la que marca nuestra distancia respecto a gusanos o calamares y, sin embargo, nos comportamos como si todo lo que vive en el planeta debiera mansamente rendirnos pleitesía y satisfacer nuestros caprichos o perecer. Según una sana doctrina ecológica, somos seres naturales como los demás, mamíferos con ínfulas disparatadas que esclavizamos al resto de las criaturas, nos reproducimos de una manera escandalosa y polucionamos cualquier paisaje a nuestro alrededor. No ya nuestra especificidad genética sino ni siquiera nuestros logros culturales —cuyas facetas destructivas son por otro lado demasiado patentes— merecen derroche de incienso: los etólogos no se recatan en hablar de culturas también en otras ramas zoológicas, se asegura que ciertos primates son capaces de realizar inventos técnicos y transmitirlos a sus congéneres, así como de manejar un lenguaje rudimentariamente simbólico, y concluyen que la llamada «civilización» humana es sólo una variante más desarrollada y especialmente desaprensiva de un proceso evolutivo previo a quienes nos enorgullecemos de poseer «espíritu». Frente a tales constataciones, insistir en la excelencia de la humanidad implica una culpa de «especieísmo» antropocéntrico equivalente —según Peter Singer y algunos otros inquisidores ecólatras— al énfasis que otrora se puso en la superioridad de la raza blanca para justificar la esclavitud y la explotación ejercidas por ella sobre otras...

En el campo opuesto al ecologismo radical, los ingenieros genéticos tampoco parecen sentir demasiado respeto por quienes, a su juicio, sacralizan o «naturalizan» exageradamente la vida humana. Si se consideró en su día todo un logro emancipador descargar la compleja delicia de la sexualidad humana de sus obligaciones meramente procreadoras ¿no podremos hoy ir aún más allá en la lucha contra los prejuicios, separando con clínica eficacia la función reproductora de sus chapuceros vínculos con pasiones eróticas e incertidumbres biológicas? A fin de cuentas, de lo que se trata es de que un óvulo sea fecundado por un espermatozoide en las condiciones que nos parezcan más convenientes, y ese proceso puede realizarse con mayores garantías en un laboratorio y bajo supervisión especializada que dejándolo al azar o a la improvisación de espontáneos tan arrebatados como quizá incompetentes. Tanto el espermatozoide como el óvulo necesitan «donantes», pero no estrictamente un «padre» y una «madre» en el sentido clásico, tradicional y socialmente embarazoso del término. El útero en el que se lleve a cabo la gestación, por ejemplo, bien puede ser de alquiler y ello implica probablemente un avance: ¿acaso no sabemos, en el terreno inmobiliario, que empeñarse en la propiedad de la vivienda frente a alojamientos alquilados eventualmente (incluso prefabricados y desechables allá donde la modernidad se hace notar con mayor gloria) es un signo de mentalidad arcaica? También la clonación humana, que hoy despierta recelos supersticiosos, puede ser dentro de poco un medio perfectamente adecuado de satisfacer la pulsión de autoafirmación narcisista que implica sin duda el deseo de engendrar progenie. Por no mencionar las manipulaciones correctoras del genoma que pueden ahorrar al vástago no sólo la propensión a ciertas enfermedades sino también la tendencia a determinados vicios. Peter Sloterdijk (en sus *Normas para el parque humano*) escandalizó a humanistas anticuados refiriéndose —con cierto punto irónico, eso sí— a una «futura antropotécnica orientada a la planificación explícita de las características; o si se podrá realizar y extender por todo el género humano el paso del fatalismo natal al nacimiento opcional a la selección prenatal». A fin de cuentas, ¿por qué no encargar a la eugenesia la tarea de realizar con eficacia lo que la educación intenta hoy de manera tan dudosamente satisfactoria? ¿Hasta cuándo el concepto de humanidad seguirá siendo una vaca sagrada que no nos atreveremos a apartar del camino del progreso evolutivo? Vamos...

La primera objeción contra el concepto de humanidad es que resulta poco inteligible pero está

lleno de sobrentendidos. Se presta más a ser in-
vocado como refuerzo retórico que a ser utilizado
como argumento de precisión. Algunos de sus críticos tienen la impresión de que existe la tendencia
conservadora a considerar característicamente «humano» a lo que fue humano *antes*, o sea, algún tipo
de tradición cultural. En su *Antinaturaleza*, Clément
Rosset señaló convincentemente que para muchos
autores —empezando por Plinio— lo «natural» es lo
antiguo, lo que responde al método tradicional, es
decir: aquello cuyo artificio nos resulta demasiado
familiar para imaginarlo elección nuestra. Quizá lo
que denominamos «humano» responda en muchos
casos a un prejuicio semejante. Si así fuese, la «humanidad» habría ido variando a través de las épocas
y de las latitudes, de modo que la esclavitud, la in-
ferioridad de la mujer o incluso la antropofagia ha-
brían sido humanísimas en ciertos momentos y lu-
gares para dejar de serlo luego, al variar la tradición
social hegemónica... aunque no cabe excluir del todo
que vuelvan a serlo otra vez al dar un giro los tiempos. En este sentido, sería siempre «humano» lo que
ha solido serlo al menos hasta hace poco y aún
cuenta con leyendas legitimadoras a favor. La humanidad estaría formada por la acumulación sucesiva de las pieles normativas que el ofidio humano
ha ido mudando a lo largo de los siglos y a través de
las sociedades. Al espíritu posmoderno, cosmopoli-
ta y diacrónico, esos residuos deleznables y venera-
dos le inspirarán más ironía que auténtico respeto.
Sirven para trazar el inventario de nuestras opciones pasadas, pero fracasan al intentar orientar las

futuras. Ya el famoso *dictum* de Terencio —«soy humano y nada humano me es ajeno»— se revelaba poco útil a la hora de juzgar lo preferible. Aún menos lo será su versión posmoderna, que podríamos formular así: «Soy humano y por tanto asumo la inhumanidad como mi más íntimo parentesco.»

Con el fin de evitar a la humanidad el aire rancio de la fijación tradicionalista en el pasado o la vinculación teológica, algunos autores neoconservadores (si se admite el oxímoron) recuperan la noción clásica de naturaleza humana, aunque apoyado ahora en los avances científicos. En *El fin del hombre*, Francis Fukuyama sostiene que «la naturaleza humana es la suma del comportamiento y las características que son típicas de la especie humana, y que se deben a factores genéticos más que a factores ambientales». Ya Kant en su día señaló el espacio y el tiempo como las dos estructuras necesarias (es decir, no convencionales) que encuadran la apercepción humana. Fukuyama, por su parte, amplía audazmente la lista: «Vemos los colores, reaccionamos ante los olores, reconocemos las expresiones faciales, analizamos el lenguaje en busca de indicios de falsedad, evitamos ciertos peligros, practicamos la reciprocidad, buscamos la venganza, amamos a nuestros hijos y a nuestros padres, sentimos repulsión por el incesto y el canibalismo, atribuimos unas causas a los hechos, etc. porque la evolución ha programado a la mente humana para que obre conforme a estos comportamientos típicos de la especie. Como sucede con la lengua, debemos aprender a ejercitar estas capacidades interactuando con el ambiente; pero el potencial para desarrollarlas y el modo en que están programadas para desarrollarse ya existen en nosotros cuando nacemos.» Aun si esta visión genética de la «naturaleza» humana fuese irrefutable (y dista enormemente de serlo), dejaría sin resolver la mayoría de nuestros problemas: ¿qué peso normativo podemos conceder en nuestras sociedades contemporáneas a lo que no proviene de acuerdos entre intereses personalizados sino al resultado del proceso impersonal de la evolución (recordemos otra vez la «falacia naturalista» de Hume)?; y también, ¿forma parte de la evolución genética humana que podamos alterar hoy la evolución genética humana? Si determinados tabúes o pautas de conducta son «naturalmente» humanos, ¿qué ocurre con los grupos o individuos que no los respetan? ¿Son «inhumanos»? Los animales cumplen sus paradigmas evolutivos sin salirse nunca de ellos, no por obediencia sino por ciega necesidad. Ninguno de ellos será «inanimal» por sus pecados... ni se le ofrece la opción de ser peor o mejor de lo que le pide su devenir biológico. Puede que nuestras formas de comportamiento respondan a paradigmas innatos como los que según Noam Chomsky estructuran generativamente nuestra capacidad lingüística, los cuales se activan y concretan interactuando socialmente; pero es tan imposible establecer normas comunitarias a partir de ellos en su abstracción genérica como aprender cualquier lengua viva real sin más guía que los paradigmas chomskianos.

La realidad es que ni siquiera las estructuras de espacio y tiempo señaladas por Kant alcanzan verdadera incondicionalidad antropológica (dependen más bien de convenciones histórica y localmente peculiares, más relativas de lo que se creyó hace doscientos años), ni mucho menos la serie variopinta ofrecida por Fukuyama. La genética humana es igualmente compatible con la antropofagia sin remordimientos que con otras formas de dieta; el reconocimiento efectivo de colores y olores depende mucho más de factores sociales que de nuestros cromosomas, por no hablar del incesto o las preocupaciones lingüísticas. La evolución no ha «programado a la mente humana para que actúe conforme a los comportamientos típicos de la especie», porque no hay comportamientos típicos de la especie frente a pasiones tan definitorias de nuestra parentela como la venganza o la reciprocidad. Como bien señaló en su día Anthony Kenny en *Action, Emotion and Will*, «no existe ninguna forma particular de conducta que sea característica de una emoción a la manera en que comer lo es respecto al hambre». Cuando se tiene hambre, comer es un comportamiento típico para el que la mente humana ha sido programada por la evolución: pero no existe «programa» semejante respecto a la envidia o la solidaridad. Es probable que ninguna conducta humana carezca absolutamente de fundamento genético, pero lo seguro es que ninguna emoción ni pasión humanas tienen su comportamiento genético programado inequívocamente: la naturaleza nos determina a ser humanos, pero nos permite serlo a nuestro modo...

en ello estriba nuestra peculiaridad respecto a los seres vivos que más pudieran parecérsenos. O por decirlo con las inmejorables palabras de Hannah Arendt, en el primer capítulo de su obra fundamental *La condición humana*: «Nada nos autoriza a asumir que el hombre tiene una naturaleza o una esencia en el mismo sentido que las otras cosas. En otras palabras, si tenemos una naturaleza o una esencia, entonces seguramente sólo un dios puede conocerla y definirla, y el primer prerrequisito para ello será hablar de un "quién" como si se tratase de un "qué".» «Qué» somos sólo tiene interés como pregunta filosófica en la medida en que nos ayude a conocer «quién» somos: si nos bloquea el acceso a esta segunda indagación lo único que hace es distraernos de lo que realmente nos importa.

El problema estriba, precisamente, en esta dialéctica entre *qué* somos y *quién* somos. Si nos centramos en lo que somos y nos atenemos a la dotación genética o a la descripción fisiológica, quedamos confinados en una especie zoológica evidentemente común para todos nuestros congéneres pero incapaz de dar cuenta de nuestra plural aventura simbólica y de nuestra resistencia —a partir de ella— a los meros condicionamientos instintivos, subvertidos históricamente por la acción innovadora técnica y social que los modula, los desafía y con frecuencia los transgrede. Podríamos decir que lo que nos *humaniza*, arrancándonos y oponiéndonos a la naturaleza común, es precisamente aquello que al inscribirnos en una particularidad simbólica cultural parece impedir la universalidad de nuestra condición. Sin tal universalidad, sin embargo, proyectos tan ética y políticamente necesarios como el reconocimiento de unos derechos humanos cuya titularidad responda a la pertenencia incondicional a la humanidad resultan difícilmente sostenibles. Es inhumano cuanto nos limita a la mera inscripción zoológica pero también lo que amplía la oferta simbólica hasta el punto de que no reconozca vínculo alguno con los condicionamientos naturales que universalizan el criterio específico. Puesto que no podemos mirar a la humanidad desde *fuera*, como harían los dioses, tal es el dilema y la paradoja en que nos debatimos.

A mi juicio, elegir hoy la humanidad es optar por un proyecto de autolimitación en lo tocante a cuanto podemos hacer, de simpatía solidaria ante el sufrimiento de los semejantes y de respeto ante la dimensión inmanejable que lo humano debe conservar para lo humano. Autolimitación, solidaridad, respeto: saberse humano no es aceptar un hecho —biológico o cultural— sino tomar una decisión y emprender un camino. En cuanto a la autolimitación, consiste en rebelarse contra el dogma oscurantista que suscriben los falsos progresistas, adoradores del mecanicismo científico: «cuanto puede hacerse, se hará; no es posible poner barreras al avance de la técnica». ¿Y por qué no? La técnica es una herramienta, no un ideal en marcha. Debe estar al servicio de nuestros valores, no dictarlos: lo contrario no es progreso ilustrado sino idolatría atávica enmascarada, el retorno cruel de Moloch. A lady Macbeth, que se burla de las dudas de su marido ante el ase-

sinato de Duncan que le hará «progresar» —es decir, convertirse en rey— y le tacha de cobarde, responde el desdichado protagonista shakespeariano:
«Basta, te lo suplico. Tengo el valor que cualquier
hombre tiene y no es hombre quien se atreve a más.»
¡Ojalá Macbeth hubiera permanecido fiel a este criterio de que la audacia emprendedora tiene una barrera más allá de la cual sólo espera lo inhumano!
Buscando lo superior, de acuerdo con la ambición
de poder, asesina al sueño, al dulce sueño de cada
noche en el que los humanos se reconcilian consigo
mismo y con sus anhelos... La simpatía con el sufrimiento dirige nuestras acciones a mitigarlo cuanto se pueda, a no aumentarlo voluntaria y gratui-
tamente jamás. El precepto se refiere a nuestros
semejantes humanos en primer lugar, pero es razonable —*humanamente* razonable— que se amplíe
también a aquellos otros seres con los que nos ase-
meja en parte la capacidad de padecer dolor.

Y, sobre todo, respeto ante el enigma libre de lo
humano, que nadie puede manejar ni condicionar
instrumentalmente, ni siquiera invocando argumentos de paternalismo político o eugenésico. Los humanos deben educar a los humanos y pactar acuerdos entre sí, pero nunca «fabricar» replicantes de
acuerdo con proyectos que les priven de su filiación
azarosa y de su libertad de elección. Es humano engendrar y criar semejantes, no diseñar modelos según el capricho de ocasionales prejuicios que la tecnología permite y el mercado hace rentables. Que lo
humano reconozca a lo humano, en parte por naturaleza y en parte por fraternidad simbólica (to-

dos nos parecemos más de mil modos esenciales de lo que nuestra diversidad de culturas suele revelar), que lo humano busque la humanidad bajo la pluralidad de sus manifestaciones, que los hombres crezcan y vivan entre humanos, siempre *valiosos* los unos para los otros, pero que nunca los unos sean artificial manufactura de los otros y deban considerarles asimétricamente ya no como semejantes sino como creadores. Tal es, si no me equivoco, el proyecto que hoy elige la apuesta por la humanidad.

Capítulo 12

Elegir lo contingente

Sólo es feliz aquel que cada día
puede en calma decir: Hoy he vivido.
Que nuble el cielo Júpiter mañana
o lo esclarezca con el sol más vivo,
nunca podrá su mente poderosa
hacer que, lo que fue, ya no haya sido,
ni logrará que no esté ya acabado
lo que colmó el momento fugitivo.

Horacio, Lib. III, oda 29

Los humanos estamos enfermos de *énfasis*. O quizá no propiamente enfermos sino sólo convalecientes, porque el afán enfático es algo así como un último y recurrente acceso febril que padecemos a consecuencia de largas dolencias dogmáticas anteriores: las religiones de lo absoluto, la absolutización religiosa de proyectos sociales o fórmulas científicas (las cuales al absolutizarse dejan de serlo y se convierten en encantamientos). Despertamos de las religiones, descreemos de los dogmas pero no perdemos su énfasis, la nostalgia lacerante de su énfasis. El énfasis: la valoración hiperbólica de lo contingente, es decir, la magnificación arrebatada de aquello que puede ser o no ser. No entronizamos lo falso o lo insolvente, sino que convertimos en falso e insolvente aquello que entronizamos... por el hecho mismo de empeñarnos en entronizarlo sin reserva ni remedio.

El énfasis distorsiona por exceso de intensidad: anula las proporciones, desvirtúa la escala humana... como los espejos que en algunas barracas de las ferias distorsionan grotescamente la imagen que a la vez reflejan y pervierten. Lo que muestran tales espejos guarda un parecido suficientemente comprometedor con el modelo que replican, pero engañan respecto a su armonía morfológica y sus magnitudes topológicas: lo hacen a la vez reconocible e irreconocible. Lo conocemos pero de un modo tan enfático y engrandecedor que ya no podemos estar seguros de saber lo qué es... Lo antes familiar rompe allí su parentesco con nosotros, se agiganta para esclavizarnos o nos decepciona radicalmente cuando su gigantismo termina revelándose como efecto óptico. Primero apreciamos la absolutización de lo contingente, después —si nos vemos obligados por el trauma de lo real a corregir la falsa perspectiva— lo despreciamos por no haber sabido responder a nuestra espera enfática de absoluto. Y repetimos la queja de Macbeth contra el demonio al comprobar que nunca debió prestar credulidad enfática literal a sus vaticinios de que el bosque de Birnan subiría a la alta colina de Dunsinane, o de que hay hombres que no nacieron de su madre: también nosotros estamos dispuestos a proclamar que el diablo «miente diciendo palabras verdaderas». Ese demonio tan poco fiable que nos desconsuela es el genio maligno del énfasis desaforado.

Se acusa a nuestra época de ser incurablemente «trivial». Pero por tal trivialidad suele entenderse aquello que decepciona inmediatamente la urgencia del empeño enfatizador. Cuesta reconocer a los enfáticos que la trivialidad que se resiste a ser absolutizada es sin duda lo menos trivial de todo, aquello que guarda mejor sus proporciones. La auténtica trivialidad morbosa es convertir en necesario lo contingente, hipertrofiar como trascendental aquello cuyo encanto y significado estriba precisamente en permanecer inmanente. Lo trivial es la necesidad de poner mayúscula a todo lo que sin ella, en su brevedad efímera y conmovedora, debería suscitar tanto más nuestro aprecio y nuestro respeto: trivializando el amor en Amor, la justicia en Justicia, la democracia en Democracia, las libertades en Libertad, lo natural en Naturaleza y lo humano en Humanidad. Si nuestra época escéptica y apresurada retrocede ante las mayúsculas, bendita sea al menos por ello. Pero dudo que eso ocurra, porque aún vemos en todos los campos —políticos, sociales, artísticos, religiosos...— un afán de énfasis distorsionador capaz eventualmente de convertir en monstruoso lo hogareño y en peligroso lo útil, como sucede en esas películas en las que una arañita, una hermosa mujer o un niño se agigantan hasta transformarse en factores incontrolablemente catastróficos. Yo podría aceptar el retorno posmoderno y razonablemente debilitado de los viejos dogmas eclesiales si viese que Dios se escribe ahora con minúscula... e incluso en plural. Lo cual aún no sucede.

Imponer por doquiera el énfasis se argumenta como una búsqueda de sentido para la vida o, si se prefiere así, de Sentido. Nuestros actos, nuestras instituciones, nuestros afectos tienen evidentemente sentido pero sólo un sentido contingente, como nosotros mismos. Ese sentido, concedido por lo cotidiano que apetecemos y buscamos, se nos parece demasiado para resultarnos plenamente satisfactorio. Ambicionamos que los sentidos minúsculos de las cosas y gestos contingentes desemboquen en un Sentido mayúsculo, inapelable y necesario. Es decir, llegar por la vía de los sentidos contingentes y desdeñándolos hasta un Sentido superior, eterno y necesario, que esté más allá de toda contingencia y nos rescate de ella. Como tal Sentido nunca acaba de llegar (y cuando parece haber llegado se disipa en abrumadora devastación), proclamamos absurda y vacía la existencia. Odo Marquard ha escrito muy bien, con lúcida ironía, sobre esa imposibilidad de despedirnos con alivio de lo *sensacional*, del sentido sensacional y de la falta no menos sensacional de sentido, que emponzoña nuestras actividades y nuestros goces. Quien padece ese afán, dice Marquard, «no quiere leer, sino que quiere sentido, no quiere escribir, sino que quiere sentido, tampoco quiere trabajar, sino que quiere sentido, ni quiere holgazanear, sino que quiere sentido, ni quiere amar, sino que quiere sentido, ni quiere ayudar, sino que quiere sentido, no quiere cumplir obligaciones, sino que quiere sentido... [...] no quiere familia, sino sentido, no quiere Estado, sino sentido, no quiere arte, sino sentido, no quiere economía, sino sentido, no quiere ciencia, sino sentido, no quiere compasión, sino sentido, etc.».

Y precisamente de ese modo se boicotean todas las cosas que aportan sentido limitado pero auténtico a la vida, se imposibilita su disfrute y su mejora en el turbio anhelo de un Sentido mayúsculo, sin mediaciones, que es incompatible con nuestra contingencia. La bulimia enfática de sentido convierte en sinsentido y en ceniza desdeñable el tejido mismo de lo que constituye nuestra tarea vital. Nos sentimos desdichadamente insignificantes porque transcurrimos entre significados provisionales ni más ni menos perecederos pero tan reales como nosotros mismos. Esta ansia se pretende sublime y en verdad es profundamente trivial, radicalmente trivializadora. No nos libra de ninguno de los males que nos corresponden y enturbia los bienes que podemos alcanzar. Por eso dice Marquard que deberíamos practicar una dietética del sentido y hacer una cura de adelgazamiento del énfasis...

En términos filosóficos más clásicos y menos irónicos, esa dietética se resuelve en una ética y una estética de la contingencia. No meramente resignadas ante lo contingente, sino inspiradas por su transitoriedad y su incertidumbre. Santo Tomás dijo que «contingente» es lo que puede ser y también no ser, es decir, lo que eventualmente existe aunque sin ser necesariamente. Sin embargo, lo que es, en cuanto que es, pertenece imborrablemente a la existencia: podrá dejar de ser pero nunca dejará de haber sido. Su fragilidad perpetuamente amenazada, que en nada se funda ni nada justifica con plenitud de necesidad, desafía con su «ahora sí», con su «aún sí», a la nebulosa infinitud temporal que la precede y que la sigue. Ahora somos, ahora se da cuanto nos corresponde e importa, y ningún absoluto es más invulnerable que nuestra transitoria invulnerabilidad. La oda de Horacio que sirve de epígrafe a estas páginas expresa con poética concisión este profundo concepto. Sobre ello tienen que versar ética y estética, a partir de que bueno es lo que nos conviene en su contingencia y bello es la consideración gozosa de lo que manifiesta su contingencia. Ni una ni otra responden al criterio de lo absoluto pero tampoco renuncian absolutamente a proponer criterios que mantengan su razón perecedera como si mereciese no perecer. Y no pretenden poseer (ni se desesperan por no poseer) un Sentido mayúsculo, que supere y desdeñe todas las mediaciones tentativas que conocemos, sino que juegan a partir del entrecruzamiento de los múltiples sentidos que orientan nuestras actividades y configuran nuestra visión vital.

Lo contingente no es una lacra en el empeño ético y estético, sino su condición inexcusable. En ambas categorías básicas, la de lo bueno y la de lo bello, se incluyen la exaltación que celebra y el proyecto afanoso de conservar. Pero sólo puede celebrarse lo que llega a ser de modo admirable pudiendo no haber sido así: es absurdo celebrar lo que es cuando lo es de modo irremediable. Y ¿quién va a proponerse seriamente «conservar» lo eterno? Sólo intentamos conservar lo que podemos perder. De igual modo funciona el amor, máxima celebración de la existencia de aquello que apreciamos como conveniente y que puede desaparecer o no advenir. Siempre me ha resultado incomprensible hablar de un «amor» a Dios, porque lo necesario y eterno puede ser considerado terrible o venerado como sublime, aceptado con resignación o confianza... pero nunca verdaderamente «amado». Suponer lo contrario es blasfemar contra el verdadero amor, que se aferra con determinación temblorosa a lo que puede desvanecerse. Por tanto es lógico que quien se sabe mortal ame la vida: porque le ha llegado azarosamente y porque va a perderla sin remedio. Contra Platón, pues: nada conviene menos a lo bueno y lo bello que la inalterable eternidad. Sin contingencia, no hay ética que proteja ni estética que admire y disfrute.

Baudelaire habló una vez del «éxtasis de la vida y del horror de la vida». Ambos se dan juntos, inseparablemente, como claves de nuestra contingencia. El precio del éxtasis es el horror; el rescate del horror es el éxtasis. Éxtasis porque la presencia actual de la realidad es irreparable e inatacable en su ciega gratuidad que nada fundamenta, pero tampoco nada puede borrar; horror porque viene de lo silencioso y lo oscuro, adonde volverá. Nada más puede pedirse, nada menos debe aceptarse. A esa plena aceptación sin condiciones ni remilgos de la vida que se manifiesta entre el parpadeo del ser y el no ser llamamos *alegría*. La alegría ni justifica nada ni rechaza nada: asume lo irrepetible y frágil que se le ofrece como su único campo de juego. Y se deleita en él, con gloria, con esfuerzo, con generosidad que a veces parece cruel y en el fondo, reflexivamente, resulta compasiva. La alegría es el nervio misterioso que nos vincula sin rechazo a la belleza en la estética y al bien en la ética.

La belleza de lo contingente es la que celebra tanto el temblor de lo que nos es dado como la sombra de lo que nos falta. Ni el Bien ni la Belleza son propuestas inalterables, eternas, que nos aguardan en el exterior de la caverna de esta fugacidad más asombrada que sombría en la que transcurre la peripecia que encarnamos. No suspiremos por salir de esa caverna, ni creamos a los que dicen que salieron y se ufanan de haber retornado para deslumbrarnos con lo inalcanzable. Optemos por el perfeccionamiento humildemente tentativo y resignadamente inacabable de lo que siempre nos parecerá de algún modo imperfecto, en lugar de rechazarlo con desánimo culpable o de intentar agigantarlo hasta que su enormidad inhumana nos abrume. La única forma compatible con nuestra contingencia de multiplicar los bienes que apreciamos es intercambiarlos, compartirlos, *comunicarlos* a nuestros semejantes para que reboten en ellos y vuelvan a nosotros cargados de sentido renovado. Es trivial la desmesura que pretende ascender cualquier significado a totalidad que rompa nuestras múltiples relaciones fragmentarias, parciales y sucesivas con quienes nos miran a los ojos desde nuestra misma estatura. En todos los prudentes miramientos para no desorbitar lo que admiramos reside precisamente lo que nos salva —ante nuestros propios ojos, al menos— de la insignificancia. Y también en no resignarnos a su rutina o su mediocridad: la aceptación gozosa de lo contingente no prohíbe luchar por la excelencia. Por excelencia no entendemos la búsqueda de ningún absoluto (lo excelente conseguido será tan contingente como lo mediocre rebasado), sino el afán de ir más allá y perfeccionar cuanto hemos logrado... aunque sin salirnos nunca de la limitación que nos define y acota el sentido a que podemos aspirar.

Al final la aspiración a lo bueno y lo bello son sólo caminos por los que transitamos forzosamente con inquietud pero no sin armonía. ¿Seremos capaces de librarlos alegremente de la contaminación enfática?

Despedida

Me he preguntado a menudo, y no he en-
*   contrado respuesta,*
de dónde viene lo suave y lo bueno,
hoy tampoco lo sé, ahora tengo que irme.

GOTTFRIED BENN

PRINCIPALES OBRAS CONSULTADAS

Arendt, H. (1978): *The Life of Mind*, Harcourt Brace Jovanovitch Publishers, San Diego.

Aristóteles (1970): *Ética a Nicómaco*, trad. María Araujo Julián Marías, Instituto de Estudios Políticos, Madrid.

Barry Clarke, P. (1999): *Ser ciudadano*, Sequitur, Madrid.

Bauman, Z. (1992): *Libertad*, Alianza Editorial, Madrid.

Berofsky, B. (1987): *Freedom from Necessity*, Routledge & Kegan Paul, Londres.

Benasayag, M. (1994): *Penser la liberté*, La Découverte, París.

Bieri, P. (2001): *El oficio de ser libre*, Ariel, Barcelona.

Canivez, P. (1995): *Éduquer le citoyen?*, Hatier, París.

Charlton, W. (1988): *Weakness of Will*, Basil Blackwell Ltd., Oxford.

Conche, M. (1992): *Temps et destin*, Presses Universitaires de France, París.

— (1999): *Essais sur Homère*, Presses Universitaires de France, París.

Cranston, M. (1953): *Freedom: A New Analysis*, Longmans, Green & Co., Londres.

Cruz, M. (1995): *¿A quién pertenece lo ocurrido?*, Taurus, Madrid.

— (1997) (comp.): *Acción humana*, Ariel, Barcelona.

Elster, J. (2001): *Sobre las pasiones*, Paidós, Barcelona.

Fukuyama, F. (2002): *El fin del hombre*, Ediciones B, Barcelona.

Gehlen, A. (1980): *El hombre*, Sígueme, Salamanca.

— (1993): *Antropología filosófica*, Paidós, Barcelona.

Geymonat, L. (1991): *La libertad*, Crítica, Barcelona.

Gray, T. (1991): *Freedom*, MacMillan, Londres.

Grimal, P. (1990): *Los extravíos de la libertad*, Gedisa, Barcelona.

Guillebaud, J.-C. (2002): *El principio de humanidad*, Espasa Calpe, Madrid.

Habermas, J. (2002): *Acción comunicativa y razón sin trascendencia*, Paidós, Barcelona.

Hayek, F. A. (1991): *Los fundamentos de la libertad*, Unión Editorial, Madrid.

MacIntyre, A. (2001): *Animales racionales y dependientes*, Paidós, Barcelona.

Manent, P. (2001): *Cours familier de philosophie politique*, Fayard, París.

Marquard, O. (2000): *Apología de lo contingente*, Institució Alfons el Magnànim, Valencia.

Meyer, P. (1996): *La ilusión necesaria*, ed. Ariel, Barcelona.

Morel, C. (2002): *Les décisions absurdes*, ed. Gallimard, París.

Morin, E. (2002): *El método. La humanidad de la humanidad*, Cátedra, Madrid.

Nancy, J.-L. (1996): *La experiencia de la libertad*, Paidós, Barcelona.

Ogien, R. (1993): *La faiblesse de la volonté*, Presses Universitaires de France, París.

Rivera, J. A. (2000): *El gobierno de la fortuna*, Crítica, Barcelona.

Rothbard, M. (1991): *L'éthique de la liberté*, Les Belles Lettres, París.

Rumiati, R. (2001): *Decidirse: ¿cómo escoger la opción correcta?*, Paidós, Barcelona.

Safranski, R. (2000): *El mal o el drama de la libertad*, Tusquets, Barcelona.

Searle, J. R. (2000): *Razones para actuar*, Nobel, Oviedo.

— (2001): *Mente, lenguaje y sociedad*, Alianza, Madrid.

Serres, M. (2003) (junto a Pascal Picq y Jean-Didier Vincent): *Qu'est-ce que l'humain?*, Éditions Le Pommier, Dijon.

Stangerup, H. (1991): *El hombre que quería ser culpable*, Tusquets, Barcelona.

Valcarcel, A. y Rodríguez Magda, R. (2001) (comps.): *El sentido de la libertad*, Intitució Alfons el Magnànim, Valencia.

Watson, G. (1990) (comp.): *Free Will*, Oxford University Press, Oxford.

Watzlawick, P. (1987): *Lo malo de lo bueno*, Herder, Barcelona.

White Alan, R. (1976) (comp.): *La filosofía de la acción*, Fondo de Cultura Económica, Madrid.

ÍNDICE